# "一带一路"关键词

尚虎平 / 编著

**图书在版编目(CIP)数据**

"一带一路"关键词/尚虎平编著. —北京:北京大学出版社,2015.11
ISBN 978 - 7 - 301 - 26532 - 1

Ⅰ.①一… Ⅱ.①尚… Ⅲ.①区域经济合作—国际合作—研究—中国 Ⅳ.①F125.5

中国版本图书馆 CIP 数据核字(2015)第 272768 号

| | |
|---|---|
| 书　　　名 | "一带一路"关键词<br>Yidai Yilu Guanjianci |
| 著作责任者 | 尚虎平　编著 |
| 责 任 编 辑 | 朱　彦　王业龙 |
| 标 准 书 号 | ISBN 978 - 7 - 301 - 26532 - 1 |
| 出 版 发 行 | 北京大学出版社 |
| 地　　　址 | 北京市海淀区成府路 205 号　100871 |
| 网　　　址 | http://www.pup.cn |
| 电 子 信 箱 | sdyy_2005@126.com |
| 新 浪 微 博 | @北京大学出版社 |
| 电　　　话 | 邮购部 62752015　发行部 62750672　编辑部 021 - 62071998 |
| 印 刷 者 | 北京中科印刷有限公司 |
| 经 销 者 | 新华书店 |
| | 880 毫米×1230 毫米　A5　8.625 印张　185 千字<br>2015 年 11 月第 1 版　2017 年 6 月第 2 次印刷 |
| 定　　　价 | 32.00 元 |

未经许可,不得以任何方式复制或抄袭本书之部分或全部内容。
**版权所有,侵权必究**
举报电话: 010 - 62752024　电子信箱: fd@pup.pku.edu.cn
图书如有印装质量问题,请与出版部联系,电话: 010 - 62756370

# 序　一

  2013年9月,习近平主席访问哈萨克斯坦,他在阿斯塔纳的纳扎尔巴耶夫大学发表演讲时,从古丝绸之路留下的宝贵启示里首次明确指出,横贯东西、连接欧亚的丝绸之路,完全可以成为不同种族、不同信仰、不同文化背景的国家共享和平、共同发展的新的丝绸之路,这是习主席第一次描述"一带一路"战略的雏形。此后,习主席又在不同场合对"一带一路"战略作了进一步的阐释。

  2013年10月3日,习主席访问印度尼西亚,他在印度尼西亚国会演讲中提出,东南亚地区自古以来就是"海上丝绸之路"的重要枢纽,中国愿同东盟国家加强海上合作,共同建设21世纪"海上丝绸之路"。2014年初,习主席访问欧洲时,在比利时布鲁日欧洲学院发表演讲,再次提出中欧要建造和平、增长、改革、文明"四座桥梁",要积极探讨把中欧合作和丝绸之路经济带建设结合起来,以构建亚欧大市场为目标,让两大洲人员、企业、资金、技术活起来、火起来,使中国和欧洲成为世界经济增长的"双引擎"。同年5月15日,在中国人民对外友好协会成立60周年纪念活动上,习主席要求国内各界"以更加开放的胸襟、更加包容的心态、更加宽广的视角"推动丝绸之路经济带和21世纪海上丝绸之路建设。同年5月21日,习主席在"亚信会"第四次峰会上进一步提出,中国一贯坚持"睦邻、安邻、富邻,践行亲、诚、惠、容理念,努力使自身发展更好惠及亚洲国家","同各国一道,加快推进丝绸之路经济带和21世纪海上丝绸之路建设"。同年6月,在北京举行的中阿合作论坛第六届部长级会议开幕式上,习主席回顾了中阿人民交往历史,提到中阿之间的丝绸之路与香料之路,强调了丝绸之路承载的和平合作、开放包容、互学互鉴、互利共赢的丝路精神,提出以丝路精神"为发展增动力,为合作添活力",并指出中阿是共建"一带一路的天然合作伙伴",推动"一带一路战略构想的行动原则"是"共商、共建、共享"。

随着习主席的不断阐释,"一带一路"战略的内涵逐渐明晰。在我看来,"一带一路"战略的形成,举重若轻,行云流水,熔铸古今,面向未来,立意高远却又明白如话,这与习主席对欧亚各民族的经济发展史了如指掌的知识结构有关,更与他对世界经济一体化走势的精准把握有关。当今世界,各国、各地区的经济联系从来没有如此紧密,资源配置的半径也从来没有如此之大,推进与实现区域全面经济合作,必然要与陆上丝绸之路经济带、21世纪海上丝绸之路以及跨国合作的多种形式结合在一起,以地缘经济为载体,全面发展经济伙伴合作关系,为中国的发展增添新的动力,为世界经济的发展开辟新的合作发展道路。"一带一路"战略构想将对中国与世界的可持续发展做出重要的战略贡献。

"一带一路"作为中国提出的重大全球经济发展战略,为中国与世界经济发展注入了巨大的正能量。"一带一路"宣示了亚欧曾经的辉煌,也揭示了创造辉煌的规律。来自丝路贸易的历史与现实特征,是其历久弥新的魅力所在。"一带一路"发展是当代地缘学说的合理回归与创新,拉近了人们审视过去、展望未来的发展视野,并为规避和消解多种"全球风险"开辟了新的路径,使中国与世界的发展共同进入了丝路新时代。

"一带一路"是一项前无古人的大战略,是世界发展史上第一次由一个发展中国家提出的引领世界走出经济低谷的"破天荒"的战略。要充分、深入地理解"一带一路",还需要作更多的探索。2013年底,国家发改委与外交部共同召开了推动共建丝绸之路经济带和21世纪海上丝绸之路建设座谈会,学习理解丝绸之路经济带和21世纪海上丝绸之路战略构想的深刻内涵。2014年5月,甘肃省与外交部共同举办了"亚洲合作对话丝绸之路务实合作论坛"。同年6月,国务院新闻办公室在新疆乌鲁木齐举办了"丝绸之路经济带国际研讨会"。这些会议进一步挖掘了"一带一路"战略的深层意涵。同月20日,中国社科院为了能够深入、扎实、细致地廓清"一带一路"战略的内涵与外延,成立了"一带一路"的专门研究机构"海上丝绸之路研究基地"。

尽管我国各界对"一带一路"战略的内涵从不同角度进行了解读和阐释,但是从社会反响来看,这些解读和阐释似乎依然未穷尽所有大众关心的问题。为了弥补这种缺憾,我也应中国民主法制出版社之约写了一本《"一带一路":全球发展的中国逻辑》,它本身也属于进一步阐释"一带一路"战略的探索。尽管从出版社的反馈来看,该书销售情况良好,社会反响也还让人满意,但是它也还只是洞察了"一带一路"战略中的部分真谛,还有大量未尽事宜需要各界同仁进一步探索。

  尚虎平先生年轻有为,作为苏州大学政治与公共管理学院教授、博士生导师,新华社瞭望智库特约研究员,教育部高职高专公共管理教学指导委员会秘书长,全国政府绩效管理研究会常务理事,广东省政府绩效管理研究会副会长等,他专注于政府绩效管理、公共部门绩效评估、公共管理理论前沿研究,学术功底深厚,著述颇丰,并主持了多项国家、省、部级课题。他在进一步探索"一带一路"战略真谛过程中作了有益的尝试,通过105个关键词,阐释了"一带一路"战略中所涉及的各方面问题。在具体探索中,每个关键词都对应着一个"一带一路"战略中的重要问题。通过这种较为通俗、易于理解的方式,本书进一步展示了"一带一路"中容易被忽视的方方面面的问题。在我看来,这种解读方式有些雅俗共赏、童叟皆宜的味道,有助于扩大"一带一路"在更广范围内的影响力,为更多的人所理解。就此而言,本书是一本好读却不乏内涵的"智慧"书籍,值得关心"一带一路"战略的读者花点时间读一读。

**经济日报社原总编辑**
**政协第十届全国委员会委员**
**博采国研公共管理信息研究院(北京)院长**
**冯并**
2015年11月6日

# 序 二

当今世界,正在发生深刻复杂的转型。国际金融危机的影响继续显现,主要发达国家经济复苏缓慢,国际投资贸易格局和多边投资贸易规则酝酿深刻调整,各国面临的发展问题十分严峻。为主动推进世界经济发展,我国政府提出了致力于亚欧非大陆及附近海洋的互联互通、建立和加强沿线各国互联互通伙伴关系的区域经济合作架构,即"一带一路",探索国际合作以及全球治理新模式,为世界和平发展增添新的正能量。

随着"一带一路"被确立为我国的国家战略,公共管理学界迅速跟进研究。苏州大学政治与公共管理学院的尚虎平教授编著的《"一带一路"关键词》一书,是公共管理研究者对我国"一带一路"战略的一次有益探索。

本书虽出自学者之手,但不是一本纯学术著作,既有对"一带一路"基本内容的阐述,又有对背景资料的介绍,好读易懂,深入浅出,适用的读者群体比较广。本书以 105 个关键词作为重要话题的"引线",导出与"一带一路"相关的资料、数据、史实,引出解决问题的思路,给人很强的新鲜感,便于读者把握"一带一路"的热点、

## "一带一路"关键词

重点和难点,了解世界、国家与地区,城市与农村,以及经济、政治与文化等各个层面在"一带一路"战略中的定位和内涵。

本书最大的特点是,不仅对一般经济领域的问题作了比较透彻的说明,而且重点关注经济学研究、国际战略研究中容易被忽视的一些问题。作者结合自身公共管理学科的背景,对其他学科研究的"盲点"进行跨界别、跨学科、跨专业的研究,使得其解读和阐释更具有系统性、全面性和前瞻性。这种写作技巧以及所形成的风格很有特色,非一般专业作者所能很好掌握。这样做,在读者那里得到的益处是,有利于从不同的角度理解和掌握"一带一路"战略,有利于不同学科背景的读者群体进行交叉型学习,增进相关的各类知识,获得更多的智慧;同时,对于国家传播"一带一路"战略思维及相关政策而言,有助于潜移默化、润物无声地扩大"一带一路"在不同群体内的认知度、熟悉度和参与度。

另外,本书在编写、装帧、印刷等各方面都有着较高的质量,也是难能可贵的。

公共管理研究不能局限在传统的行政管理知识领域,必须以满腔的社会责任感,在更加广阔的时空范围内,追求国家发展和治理绩效的提升。本书作者没有局限于学科的"领地",积极介入重大发展战略与公共治理的结合型研究,为创新公共行政、公共管理做出了重要贡献。希望有更多的学者加入到这样的研究行列之中。

中国行政管理学会执行副会长兼秘书长
全国政府绩效管理研究会会长
高小平
2015 年 11 月 8 日

# 序　　三

2013年9月7日,习近平主席在哈萨克斯坦访问期间,应邀在纳扎尔巴耶夫大学发表了重要演说,首次提出了加强政策沟通、道路联通、贸易畅通、货币流通、民心相通,共同建设"丝绸之路经济带"的倡议。同年10月3日,习主席在印度尼西亚国会的演讲中进一步提出,中国致力于加强同东盟国家的互联互通建设,愿同东盟国家发展好海洋合作伙伴关系,共同建设"21世纪海上丝绸之路"。这两次演讲标志着"一带一路"战略正式走上了历史舞台。此后,我国逐渐与越来越多的国家达成了共同建设"一带一路"经济带的意向。2015年3月28日,国家发改委、外交部、商务部联合发布了《推动共建丝绸之路经济带和21世纪海上丝绸之路的愿景与行动》,重点介绍了"一带一路"建设的时代背景、共建原则、框架思路、合作重点、合作机制以及中国相关省份的开放态势与战略地位,标志着"一带一路"从战略意图开始进入具体实施阶段。

众所周知,人的本质在于社会关系,形成社会关系的基本机制是交往。个人如此,由一个个具体的人组成的国家亦如此。可以说,交往决定着一个国家在众多国家中的地位,决定着一个国家的

"比较优势"。只有在交往中,一个国家才可以奠定自己相对于别人的地位,才可以确定自己属于"领导者"还是追赶者。不管承认与否,这都是国际关系变动的基本规律,不以人的意志为转移。我们必须承认并遵从这种规律,坚决"走出去",以便在交往中获得主动地位,在国际上构建自己的"朋友圈"。如果不主动为之,我们就会陷于被动。

历史上最强盛时期的中国,比如汉唐时代,都是积极与国际交往的时代。汉代时,中国直通西域甚至更远,甚至在古罗马都可以买到来自中国的丝绸。据一些史料记载,古罗马皇族常常炫耀自己的丝绸马褂,以显示身份的尊贵。唐代时,中国广交朋友,与世界范围内几乎所有的国家都有交往,一时之间形成了"万邦来朝"的局面,"天朝大国"的地位在国际上确立了起来。然而,令人遗憾的是,中国历史上有着拒绝与世界交流的惨痛经历,"片板不许下海"式的与世隔绝最终使得中国脱离了世界发展轨迹,逐渐落后于世界其他国家。新中国成立后,抓住二战后短暂的国际稳定局势,与社会主义国家、不敌视新中国的发达国家积极沟通交往,建立了较为完整的现代工业体系和国防体系。特别是改革开放之后,邓小平审时度势,积极推进主动、积极与国际交往的开放政策,广交朋友,广纳"朋友圈"的发展智慧、建设资金,国家的面貌为之一新,在世界上的地位大为改观,逐渐成为全球体系的引领者之一。

究其本质而言,"一带一路"战略就是以习近平为总书记的党中央在洞察国际交往规律基础上作出的"走出去"的国家级战略、全局型战略、时代性战略。说它是国家级战略,是因为国家将动员、吸引各个地方政府、各界社会人士、各类物力财力投入"一带一路"的建设,做到集中力量办大事;说它是全局型战略,是因为"一带一路"不仅是我国重要的经济举措,而且是关于我国国际形象、国际地位的外交战略,也会对我国的地缘政治、军事能力产生重要影响;说它是时代性战略,不仅因为"一带一路"是我国古代丝路精神即对外和平交往精神的延续,还因为这不是一朝一夕之事,需要几代甚至十几代人的共同努力。

虽然大家对"一带一路"战略的重要性有着一致的认识,但是对它的内涵、外延却不甚了了。对于何谓"一带一路",如何实践"一带一路"战略,我国各界、各地甚至存在着"各吹各的号,各唱各的调"的问题。为了能够完整、深刻地理解"一带一路"战略,我国学界作了一些初步的探索。这种探索更多是由从事国际关系和经济学研究的从业者展开的,他们要么秉持"马汉原理"推演"一带一路",要么按照"理性经济人"假设解释"一带一路"。虽然这些解释都不乏深刻的道理,对未来推动"一带一路"战略也有着不可或缺的价值,但是难免有所缺憾。毕竟,"一带一路"本质上是一个国家发展的"公共战略",需要围绕我国"公共利益最大化"作出努力。就此而言,要全面理解"一带一路"战略,还应该倾听一些公共管理研究者的声音。

我们学院的青年学者、博士生导师尚虎平教授一直较为重视跟踪国家发展的最新动态,力图能够将近年的研究成果重点应用于解决国家面临的新问题、紧迫问题,从而使科学研究能够更好地服务于国家发展,服务于我国公共管理水平的持续提升。他所编著的《"一带一路"关键词》一书从公共管理研究者的角度,把握推进"一带一路"战略应该聚焦的"关键词",进一步阐释了在这些

### "一带一路"关键词

"关键词"背后所应该掌握的知识、解决的问题。通读本书后,我发现它有以下几个特点:从形式上看,它汇集了了解"一带一路"的内涵、外延和来龙去脉的 105 个关键词,并对每个关键词作了具体说明;从行文上看,它摆脱了艰涩的学术语言,力求通过简单易懂的文字讲透"一带一路"中的各种问题,对于普通大众、基层领导干部、普通企业员工来说,可读性强,易于理解;从内容上看,它从政治、经济、文化、外交、历史、艺术等多个方面对"一带一路"进行了全方位的解读,使读者能"无死角"地、系统地了解"一带一路"的过去、现在、未来,了解"一带一路"涉及的方方面面的内容;从资料来源看,它吸取了学者、政府官员、企业家、记者、国外友人、国外政治家等不同从业者对"一带一路"的诸种认知,并将其以通俗的语言编纂成书,便于读者在不掌握各方面专业信息、内部信息的情况下,从多维度理解"一带一路"战略。

当然,由于"一带一路"战略所面临的国际国内环境的复杂性、多样性和动态性,任何关于"一带一路"的叙述和论说都是有限的,本书也不例外。不过,这种有限性并不影响本书的价值,它至少提供了一个公共管理研究者看待"一带一路"战略的崭新视角,使对"一带一路"战略感兴趣的读者能够"兼听则明"。

教育部长江学者特聘教授  
苏州大学政治与公共管理学院院长  
金太军  
2015 年 11 月 6 日

# 前　　言

　　我一直认为,作为社会科学之一的公共管理学科应该承担与自然科学类似的功能,它应该通过努力揭示我国公共管理规律以促进生产力的进步。因此,公共管理研究、公共管理实践都应该是我国社会生产力的一部分。然而,近年来,我国大学的评价导向有些走向了极端,判断一项公共管理研究是否成功、取得了多大成功的标准,是看它是否发表在国外的 SCI、SSCI 期刊上。尽管走向国际化也是公共管理研究应该追求的目标,但是将此作为唯一目标,就忽视了我国公共管理研究最关键的诉求在于促进社会生产力的发展与进步。

　　实际上,我国对读书人"了却君王天下事,赢得生前身后名"的古训,强调的也是公共管理研究中的"问题导向"。它指的是,读书人在研究学问、实践学问的过程中,需要能够解决现实中的问题,解决国家的难题。这在本质上是一种生产力导向,因为解决国家问题,特别是疑难问题的过程就是推进社会生产力发展与进步的过程。比如,"文革"甫一结束,在全国人民还深陷"两个凡是"不能自拔的时候,南京大学胡福明先生等发表了《实践是检验真理的唯一标准》的文章,这篇文章对全国人民冲破认识迷雾起到了重要作用。可以说,正是这一政治学与公共管理学的研究成果,使得广大人民群众摆脱了"两个凡是"的羁绊,以踏踏实实的态度进入了社会主义建设新阶段。胡福明等人的研究成果,可谓有的放矢、对症下药,有效地解决了当时我国社会上存在的重大问题,有力地促进了社会生产力的进步。正是在胡福明等人的研究成果促动下,全国人民开始解放思想、实事求是。在此之后不久,安徽小岗村几个农民就开始了探索承包到户的实践。鉴于这种实事求是的分田到户做法契合了当时我国生产力发展实际,极大地促进了当地生产力的解放与发展,党中央在深入调研了小岗村的做法之后,开始在全国实施包产到户的改革。这极大地推动了我国生产力的发展,使人民逐渐过上了好日子。可以说,这种生产力的提升,与胡福明等学者"眼睛向下",追求以公共管理研究造福我国民众、促进我国生产力发展的研究旨趣是分不开的。他们的学术担当对解决我国现实问题、提升人民生活水平等起到了非常重要的作用。我以为,这种公共管理研究的学术担当,值得当代每一个公共管理研究者学习。

当前,在我国公共管理学界,不少从业者在国外 SCI、SSCI 评价导向下,逐渐开始以满足国外学术标准为追求的公共管理研究。这种导向对促进国内外的学术交流具有重要价值,也使得世界其他国家和地区逐渐了解中国的公共管理研究是怎么进行的、有哪些突出问题。这对我国公共管理研究"走出去"具有重大的意义,也符合经济全球化的整体潮流。但是,严格来说,符合国外标准未必就是真正洞察、揭示了中国公共管理规律,解决了中国公共管理难题的研究。在很大程度上,它们可能只是满足了国外尤其是发达国家偏好的研究。当代美国政治理论家罗伯特·达尔就曾经明确指出:"我们不能假定公共行政学能够摆脱背景条件的影响,或它是某种独立或孤立于它所有发展的文化或社会背景";"公共行政学的研究必须变成一门具有更广泛基础的学科,不应将它束缚在一种狭窄地界定了的技术知识和过程之上,而必须扩展到变化着的历史、社会、经济和其他的条件因素上(这些因素给每个国家的公共行政学打上特殊的印记)"。他所强调的本质上也是公共管理的特殊性,即不同的国度,由于其民族、政治、经济、文化、环境、社会因素的差异,必然有着与其他国家并不完全一致甚至完全相异的公共管理规律。一国的公共管理研究者应该将最主要的精力用于探索、发掘、廓清本国的公共管理规律,唯其如此,才能使本国的公共管理研究转化为促进本国社会生产力进步的工具。从生产力进步的角度而言,我国的公共管理研究主要应该致力于揭示中国管理情境下独有的或者与其他国家相同但作用机制不一样的规律,这样才能解决我国改革实践中碰到的各种难题,才能有助于解放生产力、发展生产力,才能实现"科学技术是第一生产力"的诉求。

我认为,我国的公共管理研究者应该多一些国家情怀,少一些私心杂念。既然选择了研究"公共管理",就应该有一些公共情怀,有促进中华民族"公共善"的情怀。对一个后发展国家来说,当前最大的"公共善"就是促进生产力的不断解放和进步,在此基础上推动国家的整体进步。为了实现这一点,我们不仅仅要谋划发表SCI、SSCI这些可以为从业者个体带来各种物质和精神利益的研究,更要谋划对那些国家重视的疑难问题的研究,在自己的岗位上为国家的进步做出微薄的贡献。每个研究者都为国家和民族贡献一点点力量,哪怕只是贡献一个创新词汇,贡献一个小的创新性思路,贡献一个小的政策工具,贡献一个小的管理措施,编制一个小的管理案例等,都会对改进我国的公共管理现状、推动我国生产力的微小进步有所助益。"不积跬步,无以至千里;不积小流,无以成江海",通过每个公共管理研究从业者的努力,最终会促成我国公共管理天翻地覆的变革与进步,并反作用于社会生产力,达到社会生产力的巨大解放和进步,最终推动我国社会的发展和进步。

我国的科研政策迟早会转到重视以科学规律促进社会生产力的提高上来。实际上,党的十八大召开前夕举行的全国科技工作会议就已经提出了要"深化科技体制改革,推动科技和经济紧密结合",党的十八大更是明确指出要"完善科技创新评价标准、激励机制、转化机制",这是要求我国科学研究服务于经济社会综合发展,改变评价方式的先声。2013年11月12日,党的十八届三中全会出台了我国今后改革的顶层设计方案《中共中央关于全面深化改革若干重大问题的决定》,它专辟一个部分阐述了我国科学研究改革需要"深化科技体制改革","建立主要由市场决定技术创新项目和经费分配、评价成果的机制"。无论是全国科技工作会议、党的十八大还是十八届三中全会,它们对科学研究的导向都是让"市场起决定作用",让科学技术服务于经济社会发展,这在本质上符合马克思主义的"生产力决定"原理。只有符合生产力发展方向,有利于促进生产力进步的科学技术研究,最终才是社会需要的。

令人欣喜的是,触及公共管理领域的一批研究者有了越来越多的民族、国家情怀,他们提出了对国家发展、民族进步、生产力解放有诸多助益的观点。这说明我国知识分子与生俱来的家国情怀并未丢失,也说明党中央科研体制改革的顶层设计开始起作用。这是国家的幸事,也是华夏民族的幸事。

但是,令人遗憾的是,有些真知灼见、改革蓝图、政策建议却因为散落在各类报纸、杂志甚至网络论坛、博客、微博以及一些非正规出版物里,使得其应有的价值没有充分发挥出来。可以说,这些对我国公共管理现实有着深刻洞察,发现了我国公共管理中的一些规律,并提出了解决我国公共管理问题路径的探索,是散落在各地的"珍珠",它们是民间智慧的结晶。但是,还需要一根线,哪怕是很粗糙的线绳,把这些"珍珠"串联起来,形成一个集中所有光芒的"项链"。

从2013年9月习近平主席提出丝绸之路完全可以成为不同种族、不同信仰、不同文化背景的国家共享和平、共同发展的"新丝路",到2015年3月28日国家发改委、外交部、商务部联合发布《推动共建丝绸之路经济带和21世纪海上丝绸之路的愿景与行动》,"一带一路"从一个战略设想变成了一个需要国内不同地域、不同省份可以贡献自身力量的大型国家工程。对于这一工程,国内各界的认识五花八门,有人认为是新版"马歇尔计划",有人认为是"好高骛远",也有人认为是"中华民族复兴的希望所在"。这些盲人摸象式的解读,在某种程度上可能有些道理,但却都未洞察"一带一路"战略的全貌。

在北京大学出版社的编辑朱梅全先生的鼓励和鞭策下,我决定把散落在各处有关"一带一路"的各种真知灼见分类编辑起来,

### "一带一路"关键词

以形成一个"珍珠项链",使人们能够更全面地了解、认识"一带一路"战略,并为落实这一战略出谋划策。需要说明的是,我编辑这些知识、洞见,并非要占有它们的知识产权。为了展示每个知识的原始来源,本书专门以"参考文献"的形式呈现了每个关键词的源头。当然,本书并非简单地进行"文字搬家",为了保证内容的可读性与文风的统一性、科学性,我对收集到的资料进行了重新加工、撰写,这也算是提供一个"粗线绳"的过程。

最终,本书分七篇,一共确定了105个关键词,涉及百余个相关文献,在"参考文献"部分都一一做了注。总体来说,这些由关键词串联起来的内容,都是从不同侧面解构"一带一路"战略的。

由于本书的编撰略显仓促,加之编者的知识储备、编写水平、文字功底都不够扎实,难免存在一定的错漏之处,望每个阅读本书的朋友、师长能够一一指出,对您的意见不胜感激!

尚虎平<br>
2015年11月5日

# 目录
## Contents

## 第一篇　什么是"一带一路"？

"一带一路" 003 ／ 五通 005 ／ 新版"马歇尔计划" 008

三点 011 ／ 六多讲、六少讲 013 ／ 三大战略 016

抢能源 018 ／ 中国梦 020 ／ 海洋安全 022

思想市场 025 ／ 中国世纪 027 ／ 万隆精神 030

合作共赢 031 ／ 雁阵模式 034 ／ 全球经济新循环 036

修昔底德陷阱 037 ／ 中巴经济走廊 040

## 第二篇 "一带一路"做些什么?

四面开花　045　/　中亚绿洲丝绸之路　047　/　桥头堡　049

中欧班列　051　/　人文交流　053　/　都市圈　056

民间组织　059　/　四大资金池　061　/　税务十项支持　063

"一带一路"投资促进法　065　/　海关八大举措　067

## 第三篇 历史上的"一带一路"

草原丝绸之路　073　/　丝路行人　075　/　茶马交易　077

丝路后勤　079　/　西域屯田　081　/　羁縻制　083

过所制度　084　/　丝路安全　086　/　商品接力赛　088

中印丝绸之路　090　/　海路起点　092　/　郑和精神　093

陆落海兴　096　/　市舶司　098　/　海禁　099

茶马古道　103　/　"支那"　104

## 第四篇 历史上的"一带一路"给我们带来了什么?

丝路动物　109　/　丝路食谱　111　/　棉花之路　113

佛教之路　115　/　伊斯兰教之路　116　/　天主教之路　118

鲜卑后裔　119　/　琵琶之路　121　/　丝绸名将　123

胡服骑射　124

目 录

## 第五篇　不同产业如何参与到"一带一路"中去？

物流业　129　/　PPP 模式　131　/　工程承包业　132

电力设备业　136　/　专用汽车业　137　/　旅游业　139

光伏产业　141　/　中医药业　143　/　林业　144

网络朋友圈　146　/　金融业　148　/　民营企业　150

金融政策　152　/　金融人才　157

农业工程新模式　159

## 第六篇　"一带一路"中的投资风险及规避

三大风险　165　/　传统安全　167　/　非传统安全　171

中缅皎漂—昆明铁路项目　173　/　也门撤侨　176

产业转移规律　179　/　海外信用风险管理　181

国企法律风险　184　/　"经济发展环境恶化"悖论　186

内外关系　188　/　官民关系　190　/　远近关系　191

研究乱象　193　/　马六甲困局　195　/　亚洲五强　197

亚信会　200　/　宗教考量　201　/　三区安全　204

陆军保驾　206　/　海军护航　207

## 第七篇　境外声音与应对举措

大使表态　211　/　智库支持　213　/　德国看法　215

美国看法　217　/　韩国看法　219　/　香港看法　220

台湾看法 222 / 海合会 224 / 欧亚经济联盟 226
TPP 228 / 重返亚太 231 / 经济掣肘 233
重回制造业 236 / 季节计划 238 / 东进战略 239

**参考文献** 243

**后记** 251

第一篇

# 什么是"一带一路"?

第一篇
什么是"一带一路"?

歌里唱"不要问我从哪里来",古话说"英雄不问出处",干革命、创事业、做生意可以如此,但在求知的过程中,却万万不能有"知识不问出处"的心理。面对各种知识,我们必须有"打破砂锅问到底"的精神,否则就可能被网络社会中各种似是而非的信息耽搁工作、耽误前程。爱因斯坦曾多次强调:"我没有什么特殊的才能,不过喜欢刨根问底地追究问题罢了。"作为举世公认的天才,爱因斯坦尚且如此,我们普通大众更需要有这种求知的精神。本篇就是本着"刨根问底"的精神,力争能够从各个方面讲清楚什么是"一带一路"。

## "一带一路"

这两年,社会上出现频率最高的词汇,"一带一路"绝对算一个。然而,到底什么是"一带一路"呢?这是个"简单"的以至于人们忘了去追问来由的问题,却也是个并非人人都能完全搞清楚其

## "一带一路"关键词

准确内涵的问题。

简单来说,"一带一路"是"丝绸之路经济带"和"21世纪海上丝绸之路"的简称。2013年9月7日,习近平主席在哈萨克斯坦访问期间,应邀在著名的纳扎尔巴耶夫大学发表了重要演说,首次提出了加强政策沟通、道路联通、贸易畅通、货币流通、民心相通,共同建设"丝绸之路经济带"的战略倡议。同年10月3日,习近平主席在印度尼西亚国会的演讲上进一步提出,中国致力于加强同东盟国家的互联互通建设,愿同东盟国家发展好海洋合作伙伴关系,共同建设"21世纪海上丝绸之路"。这两次演讲是"一带一路"萌生的源头。

2015年9月16日,在美国中国总商会与彭博新闻社共同举办的"为新丝绸之路导航"专题讨论会上,中国驻纽约总领事章启月说,"一带一路"不是一个实体和机制,而是合作发展的理念和倡议,是依靠中国与有关国家和地区既有的双多边机制,借助既有的、行之有效的区域合作平台,旨在借用古代"丝绸之路"的历史符号,高举和平发展的旗帜,主动地发展与沿线国家和地区的经济合作伙伴关系,共同打造政治互信、经济融合、文化包容的利益共同体、命运共同体和责任共同体。

就内容而言,"一带一路"以"五通"即政策沟通、设施联通、贸易畅通、资金融通和民心相通为主要内容,重点谋求在八个领域取得突破,即基础设施互联互通、经贸合作、产业投资合作、能源资源合作、金融合作、人文交流合作、生态环境合作、海上合作,力求建立六大经济走廊和两个重点方向。从《推动共建丝绸之路经济带和21世纪海上丝绸之路的愿景与行动》来看,六大经济走廊包括新亚欧大陆桥、中蒙俄、中国—中亚—西亚、中国—中南半岛,以及中巴、孟中印缅走廊等国际经济合作走廊;两个重点方向是指从中国沿海港口过南海到印度洋并延伸至欧洲和从中国沿海港口过南海到南太平洋。

"一带一路"建设是一项系统工程,要坚持共商、共建、共享原则,积极推进沿线国家发展战略的相互对接。根据《推动共建丝绸之路经济带和21世纪海上丝绸之路的愿景与行动》,"一带一路"贯穿亚欧非大陆,一头是活跃的东亚经济圈,一头是发达的欧洲经济圈,中间广大腹地国家经济发展潜力巨大。丝绸之路经济带重点贯通中国经中亚、俄罗斯至欧洲(波罗的海),中国经中亚、西亚至波斯湾、地中海,中国至东南亚、南亚、印度洋。21世纪海上丝绸之路重点方向是从中国沿海港口过南海到印度洋,延伸至欧洲;从中国沿海港口过南海到南太平洋。①

## 五通

"五通"是"一带一路"的核心。所谓"五通",就是政策沟通、设施联通、贸易畅通、资金融通、民心相通。这"五通"是统一体,缺一不可。

"政策沟通"是共建"一带一路"的重要保障。"一带一路"建设与国内建设最大的不同之处在于,每个国家在相关问题上都可能有不同的政策,甚至技术标准、质量标准都各不相同。这就需要加强政府间合作,积极构建多层次政府间宏观政策沟通交流机制,

**"一带一路"关键词**

深化利益融合,促进政治互信,达成合作新共识。沿线各国可以就经济发展战略和具体政策进行充分交流对接,共同制定推进区域合作的规划和措施,协商解决合作中的问题。通过沟通,力争形成合作的最大公约数,求同存异,共同为务实合作及大型项目实施提供政策支持。

"设施联通"是共建"一带一路"的优先领域。这里所说的"设施",指的是基础设施,不仅包括交通设施建设,还包括油气管道、输电网、跨境光缆建设等。其中,重点是交通设施建设。俗话说得好,"要致富,先修路"。"一带一路"沿线国家在交通设施领域普遍落后,且高山、沙漠、河流阻隔交通,给货物和人员交流带来不便。因此,只有先建好路,才能实现共同利益。在尊重相关国家主权的基础上,沿线国家需要加强基础设施建设规划、技术标准体系的对接,共同推进国际骨干通道建设,逐步形成连接亚洲各次区域以及亚欧非之间的基础设施网络。

"贸易畅通"是共建"一带一路"的重点内容。近年来,中国与沿线国家之间的贸易有了长足发展,但各种贸易壁垒仍阻碍着交流合作的深化和扩大。因此,各国应针对贸易和投资便利化作出适当安排,加强信息互换、监管互认、执法互助的海关合作,以及检验检疫、认证许可、标准计量、统计信息等方面的双多边合作,消除贸易壁垒,降低贸易和投资成本,构建区域内良好的营商环境,共同商建自由贸易区,提高区域经济循环速度和质量,实现互利共赢。

"资金融通"是共建"一带一路"的重要支撑。"一带一路"建设需要上千亿甚至上万亿美元的资金,任何一国政府都无力承担这样的巨额费用,只能通过市场运作筹集资金。因此,一方面,要充分发挥设立的丝路基金的作用;另一方面,要充分发挥各国融资的作用。此外,还应创造各种条件,吸引各国民间资本的进入,引导商业股权投资基金和社会资金参与到共建"一带一路"中来。

"民心相通"是共建"一带一路"的社会根基。不言而喻,跨越各国的"世纪工程"若能获得沿线国家民众的广泛支持,将水到渠成;反之,则寸步难行。所以,必须通过传承和弘扬"古丝绸之路"的友好合作精神,广泛开展文化交流、学术往来、人才交流合作、媒体合作、青年和妇女交往、志愿者服务等,增进彼此间的沟通和理解,共同推进"一带一路"建设。

中国国际问题研究院研究员郭宪纲指出,"五通"中的"政策沟通"和"民心相通"分别着眼于高层对话和基层交流,既是合作的重要构成部分,也是开展其他合作的重要条件。这两个方面的合作开展不好,其他合作也无从谈起。"设施联通""贸易畅通"和"资金融通"则是开展合作的三个具体领域。这五个领域点面结合,虚实互补,构成了一个有机整体。

新华社世界问题研究中心研究员万成才指出,通过实行上述"五通",全方位、多层次地推进各国间的务实合作,最终一定能够打造出"一带一路"沿线国家政治互信、经济融合、文化互容的利益共同体、责任共同体和命运共同体。这样,亚欧非的广袤大陆就会成为一个新生的、巨大的经济活跃区。[②]

## 新版"马歇尔计划"

第二次世界大战之后,全世界一片萧条。特别是曾经被称为"世界心脏""世界发动机"的欧洲,由于是这场大战的主战场而备受破坏,满目疮痍。欧洲不要说引领世界发展,就是自己的生存都成了问题。昔日的"世界发动机"已经成了"落架的凤凰"。在这种情况下,1947年,时任美国国务卿马歇尔提出了著名的"马歇尔计划"。这是一个援助欧洲,使其复兴的援助性、支持性战略计划。1948年,美国通过《对外援助法》,单方面向欧洲国家提供经济资助,帮助它们摆脱战后的窘境。冷战思维下,"马歇尔计划"不仅有经济目的,而且有政治目的,其战略设想是使部分欧洲国家成为美国抗衡苏联的"马前卒",同时帮助美国确立全球经济霸主地位。

"马歇尔计划"是在全球经济亟待振兴的背景下推出的重大扶持性、资助性的全球性战略规划,它有效地促进了欧洲的复兴。当前,在全球经济低迷,又一次面临振兴的背景下,中国推出的"一带一路"战略便被很多国外媒体打上了"新时代马歇尔计划"的标签。其实,情况并非如此。

中国人民大学国际关系学院王义桅教授指出,"一带一路"与"马歇尔计划"存在以下五个方面的区别:

第一,时代背景不同。美国推出"马歇尔计划"是为了使欧洲资本主义国家尽快实现战后复兴,防止希腊、意大利等国共产党借战后百废待兴、政治混乱之机夺取政权,以对抗苏联和共产主义国家,具有较强的意识形态色彩。同时,它为北约组织的形成奠定了经济基础。"一带一路"则无冷战背景和意识形态色彩。"一带一路"是开放的、包容的,它继承和弘扬了"和平合作、开放包容、互学互鉴、互利共赢"的丝路精神,欢迎世界各国和国际、地区组织积极参与。

第二,实施意图不同。"马歇尔计划"通过美国援助恢复欧洲经济,使之成为抗衡苏联的重要工具,同时也使美国更方便地控制和占领欧洲市场。"马歇尔计划"附加了苛刻的政治条件,欧洲所有亲苏国家都被排斥在外。即使是盟国,美国也为进入该计划的国家制订了标准和规则,受援国只能无条件接受。"一带一路"本质上是有关国家共同合作的平台,是中国提供给国际社会的公共产品,强调"共商、共建、共享"原则,倡导新型国际关系准则和21世纪地区合作模式。沿线国家通过平等友好的经济往来、文化交流,实现共同发展。

第三,参与国构成不同。"马歇尔计划"的参与国包括美国和英、法等欧洲资本主义国家,是第一世界对第二世界的援助,社会主义国家及广大第三世界国家被排除在外。"一带一路"则以古代陆上丝绸之路和海上丝绸之路沿线国家为主,并拓展、延伸到其他国家,多为发展中国家和新兴国家,也有发达国家。这一合作倡议有助于促进发展中国家间的经济合作和文化交流,推动各类国家实现优势互补和经济整合,开创南南合作、区域合作与洲际合作的新模式。

第四,具体内容不同。"马歇尔计划"的主要内容是美国对西欧提供物质资源、货币、劳务援助和政治支持。根据"马歇尔计划"

的要求,受援国接受的资金援助须用于购买美国货物,并尽快撤除关税壁垒,取消或放松外汇限制;受援国须接受美国监督,把本国和殖民地出产的战略物资供给美国;设立由美国控制的本币对应基金等。其结果是,美国获得大量对欧出口,美元成为西欧贸易主要的结算货币,推动建立了美国战后金融霸权。与"马歇尔计划"的单方面输出不同,"一带一路"是中国与丝路沿线国家分享优质产能、共商项目投资、共建基础设施、共享合作成果,内容包括政策沟通、设施联通、贸易畅通、资金融通、民心相通"五通",比"马歇尔计划"的内涵丰富得多。

第五,实施方式不同。"马歇尔计划"依靠二战后美国强大的经济实力,通过对西欧各国提供援助,快速实现受援国的经济重建,体现了"美国—西欧诸国"的一对多援助形式。"一带一路"是由中国发起倡议,沿线国家共同参与。沿线国家积极开放边境口岸,共同完善交通等基础设施建设,体现的是丝路沿线国家多对多的合作模式。"一带一路"特别强调与沿线国家发展战略、规划、标准、技术的对接,旨在将中国的发展机遇变成沿线国家的发展机遇,谋求不同种族、信仰、文化背景的国家共同发展。通过中亚、中东、东南亚、南亚等多条线路从陆上和海上同时开展经济走廊、工业园区、港口建设等项目,逐步实现欧亚非互联互通的美好蓝图。

总之,"一带一路"以追求沿线国家共赢为目标,以互利互惠为凭借,它与"马歇尔计划"扶持欧洲对抗苏联,"把欧洲训练成美国的看门狗"的自利追求有着本质区别。"马歇尔计划"最终塑造了一个分裂的欧洲,直接把欧洲送到了冷战的前沿,差点因为"擦枪走火"而导致核战,以至于葬送地球的前途。"一带一路"战略从一开始就是一个和平发展、互惠共赢的发展计划,它只会使得沿线国家越来越富裕、越来越团结,这种结果也与"马歇尔计划"的结局有着天渊之别。③

## 三点

就范围而言,"一带一路"涵盖了东南亚、中亚、中东三大区域。其中,东南亚区域与中国连接的通道是中南半岛,中亚区域基本与中国直接接壤,而巴基斯坦和阿富汗又将中东区域与中国联系起来。

知名网络军事评论员龙凯锋认为,从大战略层面讲,"一带一路"可以概括为三个着力点:东南亚区域是重点,中东区域是难点,中亚区域是亮点。

中国经济的重心在东南沿海,东南沿海经济圈与东南亚经济圈联系紧密,双方具有高起点合作的基础。东南亚国家的华人经济实力雄厚,地位稳固,交流合作起来更加容易。就东南亚诸国而言,海路与中国南海相连,陆路则与中南半岛相连,交通便利,具有巨大的运输成本优势;同时,美、欧、俄等势力介入该地区的程度相对较弱,合作阻力较小。这些得天独厚的条件使得东南亚在"一带一路"战略中有着突出的地位,是未来推进"一带一路"的重点。

与东南亚区域不同,中东区域则充满变数。巴基斯坦通道地形复杂且国内安全形势不容乐观,中国企业进入的风险大、难度高。阿富汗毒品泛滥、恐怖势力猖獗、国民贫弱、基础设施不足,国家重建任重而道远。美、欧、俄三大力量在中东地区经营多年,基础扎实,中国进入该地区面临着较大竞争,难度相对较大。另外,中东国家恐怖势力泛滥,宗教矛盾剧烈,地区不稳定因素较多。但是,该地区又牵动着中国能源安全的神经,我们必须想办法强化友好交往,提高合作程度。目前,中国与海湾阿拉伯国家合作委员会(简称"海合会")的关系非常密切,与伊朗的关系也非常融洽。这使得中东地区成为一个既具有挑战又充满希望的地域,它是未来"一带一路"战略的难点,一旦突破顺利,局面将大为改观;一旦突破不顺,不仅中国能源安全将受到挑战,而且战略生存空间也会遭到压缩。

东南亚和中东其实都是充满风险和不确定性的地域,它们既是机遇,更是挑战。中亚区域的情况则好得多,它正逐渐成为"一带一路"战略的亮点。虽然中亚区域受俄罗斯的影响很大,但是俄罗斯经济结构单一且与中亚国家的雷同度非常高,相互之间竞争性强、互补性弱。美国在中亚地区搞了一圈"颜色革命",在阿富汗直接经营了十几年,最终却灰溜溜地撤军。这就说明,中亚未来的繁荣稳定,靠美国和俄罗斯是不行的。纵观能够影响中亚的大国,唯有中国可能扮演中亚的拯救者角色。中亚国家大多地广人稀、资源丰富,但均缺少优良的出海口,而中国不仅具有与其接壤的地缘优势,更有广阔的市场和巨大的港口做支撑,可以弥补其不足。中亚区域基础设施较差,而中国基础工业产品丰富,资本雄厚,通过基础设施的合作,双方可以很快建立互联互通的交通通道,迅速改变中亚面貌。此外,亚洲是制造业聚散地,而中亚国家制造业水平较低,它们可以通过"一带一路"的中国通道获得各类必需品。④

## 六多讲、六少讲

"一带一路"倡议提出以及《推动共建丝绸之路经济带和21世纪海上丝绸之路的愿景与行动》(简称《愿景与行动》)发布以来,国际舆论既有积极和期待的一面,也有消极和疑虑的一面,甚至在一定程度上存在误读和理解偏差。中国应该明确什么可以"多讲"、什么应该"少讲",主动树立起"一带一路"对外传播的话语主导权。根据中国国际问题研究院助理研究员龚婷的悉心研究,目前应该贯彻"六多讲、六少讲"原则。

一要多讲"倡议"和"合作",少讲"战略"和"地缘政治"。"一带一路"是以经济合作为主要内容的倡议,中国本质上没有特别的地缘战略意图。然而,部分国际舆论将"一带一路"解读为中国向周边及欧亚大陆推行的具有扩张性质的地缘政治战略,曲解和误读倡议的目的和意图。应更多使用"倡议""经济合作"等软性词汇,避免使用"战略""地缘政治"等硬性词汇。各省市在表达和宣传本地区在"一带一路"中的作用时,应慎用"排头兵""桥头堡""重要节点"等具有强烈军事色彩的词汇。同时,尤其应该注意在英文语境下用词的准确性。对"一带一路"的英文表达,应多用"initiative""economic cooperation"等词汇,少用"strategy""plan""geopolitics"等词汇。

二要多讲"共商、共建、共享"和"对接",少讲"中国主导"。中国无意追求"一带一路"建设的主导权,更无意谋求在地区事务上经营势力范围。《愿景与行动》明确提出，"要坚持共商、共建、共享原则，积极推进沿线国家发展战略的相互对接"。推动"一带一路"建设不是给东南亚、南亚、中亚、中东、欧洲等地区的沿线国家强加落实中国版的"亚欧大陆发展纲要"，不强求签订双边或多边条约框架，也不事先预设区域一体化的具体目标，而是在自愿参与、平等协商、充分了解沿线国家发展诉求的基础上寻求优势互补、利益汇合点和最大公约数，因时制宜、因地制宜地探索能够实现互利共赢的合作方式及机遇。

三要多讲"开放包容"，少讲"中国中心"。在"一带一路"沿线，各主要大国和地区及国际多边组织先后提出了一系列地区合作倡议，比较典型的包括美国的"新丝绸之路"计划、俄罗斯的"欧亚经济联盟"、印度的"季节"计划、上海合作组织框架下的多边经济合作、联合国亚太经济社会委员会推动的泛亚铁路计划和亚洲高速公路计划、亚洲开发银行牵头的中亚区域经济合作计划、欧洲—中亚交通与能源倡议等。"一带一路"是开放包容、互利共赢、非排他性质的合作倡议，不是零和博弈和对抗游戏，更不是对已有合作倡议的排斥、挤压和替代。中国与俄罗斯、美国、印度、欧洲等在各自倡议下进行对接，形成良性互动的氛围，在主动寻求利益契合点和合作面的同时不回避分歧和竞争面，没有必要夸大各方利益的对立和冲突。中国与联合国、世界银行、亚洲开发银行等国际组织在具体项目合作上也可以营造多方参与的氛围，并充分发挥现有机制和倡议的多边合作延展效应。

四要多讲"经济合作"，少讲"中国版马歇尔计划"。"马歇尔计划"与"一带一路"没有可比性，存在本质区别：从时代背景来看,美苏全面对立导致冷战,而全球化时代相互依存加深导致国家间对合作共赢的诉求上升;从目的来看,"马歇尔计划"是美国对欧洲实施经济援助、实现欧洲复兴以遏制苏东社会主义阵营的地缘计划,而"一带一路"则是重点推动基础设施互联互通、贸易投资便利化、金融合作的经济合作倡议;从方式来看,美国对欧洲的援助施以联合援助等附加条件,而中国在《愿景与行动》中明确表示将互不干涉内政作为共建原则之一;从实施主体来看,"马歇尔计划"由政府主导,而"一带一路"坚持企业主体的市场运作。

五要多讲"惠及所在国民生",少讲"中国海外利益"。基础设施互联互通建设是推进"一带一路"的优先领域,中国企业在"走出去"过程中极易面临法治、环境、劳工、人权、公益慈善、反腐败等企业社会责任问题。中国企业必须学会在"走出去"过程中围绕"惠及所在国民生",改进履行社会责任的方式,从而提高在重大项目合作上的风险预警和管理能力,避免和减少损失,并以此降低"中国威胁论""中国掠夺论"等论调的危害,提升国家软实力和国际形象。

六要多讲"中国是秩序维护者",少讲"美国衰落"和"排挤美国"。部分舆论夸大"一带一路"和亚投行的战略意图,认为美国的衰落不可避免以及美国被排挤在中国主导的地区秩序之外。事实上,在未来很长一段时间内,美国的绝对国力仍将雄踞世界首位。中国是现存国际秩序的支持者和维护者,无意挑战甚至推翻它,也无意将美国排除在亚洲之外。"一带一路"将成为亚欧大陆发展振兴的又一个有力倡议,亚投行将对地区和国际多边金融机制形成有益补充,开放包容是"一带一路"和亚投行的核心精神和共建原则。⑤

## 三大战略

中国人民大学国际关系学院教授王义桅认为,作为当前中国中长期最为重要的发展战略,"一带一路"建设直接面对产能过剩的市场、能源资源的获取、战略纵深的开拓和国家安全的强化三个战略性问题。因此,我们必须对此三大战略作出深入分析,既要志存高远,更要谨慎踏实。

第一,产能过剩的市场问题。产能过剩对中国经济运行造成了很大影响。一般来说,健康且创利的产业产能利用率应当在85%以上,而据国际货币基金组织的测算,中国全部产业产能利用率不超过65%。从出口方面看,中国传统的出口市场较为单一,美国、欧洲和日本占据核心国位置,占比很高。然而,这些出口市场已经较为成熟,增量空间不大,国内的过剩产能很难通过它们进行消化,加之国内消费加速难以推进,通过"一带一路"开辟新的出口市场是很好的替代方式。

然而,也有人对此提出不同看法。卓创资讯钢铁分析师刘新伟分析认为,从卓创资讯提供的数据看,2014年,全国钢材过剩产量达到2.74亿吨。如果"一带一路"所带动的钢铁需求量与国内铁路建设相同,也仅仅只有2100万吨上下,这只占过剩产量的7%,拉动能力非常有限。尽管"一带一路"能消解掉一部分钢铁企业的过剩产能,但更大一部分则需要政府弄明白市场规律,减少对钢铁企业的管控。应营造公平竞争的环境,充分尊重市场,让市场淘汰掉那些产能落后的国有钢铁企业,这才是"一带一路"推进过程中积极健康的钢铁产业发展政策,而不是寄希望于"一带一路"解决钢铁产业的所有问题。

第二,能源资源的获取问题。中国的油气资源、矿产资源对国外的依存度较高,目前这些资源主要通过海路进入国内。中国能源资源的进口渠道也较为单一,铁矿石依赖澳大利亚和巴西,石油主要依赖中东。同时,中国与其他重要资源国的合作还不深入,经贸合作也未广泛有效地展开,能源资源合作不稳定、不牢固。"一带一路"建设将新增大量有效的陆路通道,对于能源资源获取的多样化具有重要意义。

不过,毕竟石油开采等能源项目属于高技术和高风险行业,其技术、管理、资金等进入门槛都比较高,要求投资者有非常强的专业能力和抗风险能力。同时,前景看好的项目将继续面临多国、多方的竞争。因此,项目所在国(地)实质上处于"挑肥拣瘦"的有利地位。就像往常一样,从事跨国投资的企业相互竞争的是如何获利、如何分散项目财务风险、如何通过在海外平稳运营而建设好自身的品牌。因此,在追求"一带一路"愿景的过程中,中国能源企业必须把境外项目风险管理水平的提高(而不是投资规模的扩大)放在更为重要的位置,切实做好投资风险、地缘政治风险、安全风险等风险评估。

第三,战略纵深的开拓和国家安全的强化问题。目前,国外能源资源进入中国主要通过沿海,而沿海直接暴露于外部威胁之下,战时极为脆弱。同时，中国工业和基础设施也集中于沿海，如果遭受严重的外部打击，整个国家的工业体系和经济体系将受到毁灭性损伤。与此相对的是，在战略纵深更高的中部和西部地区，特别是西部地区，地广人稀，工业基础投资较少，有很大的发展潜力，在战时受到的威胁也相对较少。通过"一带一路"加大对西部的开发，将有利于战略纵深的开拓和国家安全的强化。

然而，意图通过"一带一路"实现战略纵深的开拓和国家安全的强化面临诸多地缘政治风险。事实上，在当前及未来一个时期，毗邻中国西部地区的中亚国家和地区，不仅安全局势日趋严峻，一些国家和地区的政治形势和社会转型也存在较大不确定性。也就是说，我们意欲通过"一带一路"建设打造的战略大后方，可能并没有我们想象得那么稳定、稳固。因此，应当进一步加强对大后方所涉及的国家和地区的风险分析、评估和研究，在政策制定上加强主动性和针对性。⑥

## 抢能源

国际上有一种舆论认为，"一带一路"建设就是为了从他国获取能源，保障中国的资源、能源供给。他们害怕中国要野心勃勃地恢复汉唐和明初的盛世，建立"中国人主导下的亚洲秩序"；害怕中国借"一带一路"推进"新殖民主义"，获取相关国家的石油和矿产资源；害怕中国企业为了追求利润最大化，而不顾当地的环境保护和民众福利，威胁相关国家的生态安全和社会稳定。这种思维本质上还是老殖民主义思想,或者是对老殖民主义的危害记忆犹新的一种表现。在资本主义国家的原始积累时期,西方列强为了倾销自己的工业产品、掠夺其他国家的资源,强行要求别国开放门户,否则便以武力相加。这种历史经验至今仍然影响着国际社会,人们对他国的大规模国际开发项目总是存在着疑虑。

这种疑虑的出发点虽然不一定是坏的,但却对理解中国的"一带一路"战略有很大的误导作用。"一带一路"自萌生起,从来瞄准的都是互利共赢的标靶,走的是一条"你好我好大家好"的和谐发展路子。习近平主席提出,"一带一路"建设不是要替代现有地区合作机制和倡议,而是要在已有的合作基础上,推动沿线国家实现发展战略相互对接、优势互补。"一带一路"建设不是空洞的口号,而是看得见、摸得着的实际举措,将给沿线国家和地区带来实实在在的利益。

中共中央党校国际战略研究所教授赵磊指出,"一带一路"沿线国家的确有丰富的资源和能源,如黑金(石油、煤炭)、蓝金(天然气)等,但是这些国家不喜欢"一谈生意就是资源、能源",它们不希望成为"骑士的马"。比如,塔吉克斯坦和吉尔吉斯斯坦没有石油、天然气,要跟它们合作,冲着石油、天然气去肯定无法实现共赢。这两个国家都是山地国家,有充足的水资源,但是水的利用率不到10%。中国的西北五省恰恰也是缺水的地方。所以,要与这两个国家合作,战略设想不能聚焦在石油和天然气上,而要聚焦到水上。同时,能源领域的合作牵涉面广,还包括基建、环保等一系列行业。作为一条绿色的通道,"一带一路"所秉持的合作共赢的精神也不允许企业只是攫取资源。

实际上,能源合作只是"一带一路"建设的一方面。建设"一带一路",不仅是让古代丝绸之路复兴,还要打造一个经济带,涉及陆路和空中交通网络建设、产业链构造和人文交流等多个方面;不仅仅是单一的航道建设,而且是铺就深度的经济网络,通过构建航运网络,发展沿路经济园区,形成真正意义上的经济带。所有这些,都符合西方的集体行动思路,都是为了实现"利益共融",而非仅仅是为了中国的国家利益做出的"小人之举"。⑦

## 中国梦

习近平主席强调,中国梦是和平、发展、合作、共赢的梦,与各国人民的美好梦想息息相通;中国人民愿同各国人民一道,携手共圆世界梦。可以说,中国梦是世界梦的有机组成部分,离开了中国梦的世界梦是不完整的。"一带一路"以跨出国门、共生共赢的形式将中国梦与世界梦更加紧密地联系在一起,是沿线国家人民筑梦的战略纽带,也是"一带一路"所涉及国家与那些暂时未涉及国家梦想交汇的纽带。

国防大学中国特色社会主义理论体系研究中心赵周贤、刘光明指出:

"一带一路"是为世界创造战略机遇的中国智慧。由于丝绸之路沿线具有重要的区位优势、丰富的自然资源和广阔的发展前景,相关国家近年来纷纷提出区域发展的战略构想。从影响来看,日本的"丝绸之路外交战略"、俄印的"南北走廊"计划、欧盟的"新丝

## 第一篇
## 什么是"一带一路"?

绸之路"计划和美国的"新丝绸之路"计划是影响最大的几个战略规划。世界上的几个"主要角色"针对丝绸之路沿线区域的贸易自由化战略和区域经济合作方案,为中国实施"一带一路"战略创造了机遇。习近平主席强调,要把世界的机遇转变为中国的机遇,把中国的机遇转变为世界的机遇,在中国与各国良性互动、互利共赢中开拓前进。建设"一带一路",能够充分发挥上合组织、东盟"10+1"、中阿合作论坛等现有机制的作用,促进区域内经济要素有序自由流动和优化配置,带动沿线国家经济转型和发展。这既能为实现中国梦创造良好条件,又能向相关国家和地区辐射"中国红利",实现战略机遇的对接、交汇。更为重要的是,"一带一路"建设可以与欧盟、北美自由贸易区形成"三足鼎立"的态势,加快形成国际经济新格局,进而对经济全球化产生重大影响。

"一带一路"也是建设世界命运共同体的中国担当。近年来,世界多极化、经济全球化深入发展,世界各国越来越紧密地联系在一起,形成了"你中有我,我中有你"的局面。中国公民和企业走向海外的数量屡创新高。"一带一路"不是中国利益独享的地带,而是各国利益共享的地带。建设"一带一路",充分彰显了中国敢于担当的精神风貌和互利共赢的合作态度,有助于中国同沿线国家一道,推动政治、经贸、人文、安全各领域合作再上新台阶,共同打造政治互信、经济融合和文化包容的利益共同体、命运共同体、责任共同体,真正使中国梦与世界梦交相辉映。

"一带一路"亦是推动践行正确义利观的中国道义。在新形势下,中国积极倡导正确的义利观,政治上秉持公道正义,坚持平等相待,遵守国际关系基本原则,反对霸权主义和强权政治,反对为一己之私损害他人利益、破坏地区和平稳定;经济上坚持互利共赢、共同发展。建设"一带一路",是中国践行正确义利观的实际举措,既维护和实现本国人民的根本利益,又兼顾相关国家和地区的共同利益。这样的主张与行动顺应了天下人心,彰显了人间正道,赢得了广泛认同,搭建起了中国梦与世界梦息息相通的桥梁。

可以说,"一带一路"是中国"先人后己"与"己所不欲,勿施于人"的传统共赢思想的实践场,是"老吾老以及人之老,幼吾幼以及人之幼"的博爱互助梦的实现场,在实现中国梦的过程中,促进了其他国家民族梦的实现。在此过程中,世界各族人民孜孜以求的世界梦也就实现了。⑧

## 海洋安全

中国位于亚欧大陆东部,是倚陆面海的大国。在机器大工业尚未兴起之时,以内陆为主的中国依靠庞大的陆地体系与生活其上的农耕民族和游牧民族共同创造,形成了巨大的国力,纵横于东亚乃至整个亚洲大陆,在很长的时间内都维持着"万邦来朝"的"天朝大国"形象。

这种以陆地体系维系世界大国的日子随着机器大工业的兴起而逐渐走向了尽头。自明代始,中国逐渐开始遭受来自海上的骚扰乃至入侵,那些借助于超远距离望远镜、可靠精度指南针、多枪炮舰甚至蒸汽轮机军舰武装起来的西方国家逐渐瞄准了昔日依仗内陆纵横天下的中华帝国。一时间,来自于海上的威胁成了中国发展的背上之痛、喉中之鲠。据统计,1840—1949 年,西方国家依靠机器大工业成果从海上入侵中国多达 93 次。可以说,近代以来,对中国安全构成的最大威胁源于海上。海权支配陆权,这不仅是世界发展的规律,也是制约中国安危的一条铁律。

北京航空航天大学战略研究中心王湘穗教授研究发现,新中国建立后,国家维持自身安全的意志和能力都有了显著提升,特别是在经历了朝鲜战争和越南战争之后,帝国主义国家直接从海上入侵中国本土的可能性日渐降低。改革开放后,中国与海外经济的联系日趋紧密,海上安全的内涵出现了新的变化。

在改革开放之初,为了更方便地获得海外资源、开拓海外市场,中国采取了"两头在外大循环"的发展策略。中国在沿海地区建立了四个经济特区,随后又扩展到开放沿海 14 座城市,形成了从南到北的沿海连绵开放带。这一做法适应了全球经济一体化的潮流,抓住了难得的发展机遇,不仅使这些城市和中国沿海地区得到快速发展,也推动中国经济总体在三十多年中实现了高速增长。然而,经济的沿海化导致了国家的经济重心出现了东重西轻的失衡局面,造成了潜在的战略隐患。

经济的沿海化,还强化了中国对海外市场和海外资源的高度依赖。目前,中国的外贸依存度高达 60%,东部地区更是超过 90%,海外市场稍有波动,就会波及中国经济的发展,甚至是社会的稳定。与此同时,中国对海外资源和海上通道的依赖也大大增强。2013 年,中国进口石油约占石油消费总量的 56%,其中约 70% 要经过霍尔木兹海峡。据统计,中国进口的铁矿石、石油和所有外贸总运量的 90% 以上都要通过海上运输。海上运输通道已经成为中国的命脉,维持海上通道的畅通是维持中国国民经济正常运行的基本保障。

经济重心沿海化、资源海外化、通道海路化,既是中国经济快速发展的条件,也成为制约中国国家安全和长期稳定发展的重大瓶颈。近年来,美国军方提出了一系列针对中国的战略构想,如空海一体战、离岸封锁、抵消战略等,都是根据中国经济沿海化、海外化、海路化的特征而量身定做的军事对策。据美国一些智库的研究报告透露,美国军方曾多次演练封锁中国海上航路,以达到使中国"瘫痪"的目的。沿海化、海外化、海路化的"三海问题",正在成为中国安全和发展的"海洋安全困境"。

要解决这一安全难题,我们除了要积极发展海上力量,努力维护中国的海权,还需要有更长远的战略设计。这就要求我们从更为宏观的国际政治角度认识经济过度沿海化、海外化的战略隐患,改变国家重心过于靠海的不利地位;加强亚欧大陆的通道建设,通过使用现代交通技术,开辟和建设能够满足中国长期发展和应对海上安全需要的陆路通道。

提出"一带一路"的战略构想,并不是完全针对海洋安全困境的对应设计,却也在客观上为我们摆脱海上安全困局提供了重要的战略路径。加强通道建设,实现基础设施的互联互通,是"一带一路"战略构想的重要组成部分,此举可以极大改善中国的战略态势。同样重要的是,陆路通道的建设,可以避开与海上霸权国家的正面交锋,这是战略上的避实就虚之举。对马汉思想继承者的霸权国家来说,海权不可分割是其基本的战略原则。在要么全占、要么全丢的零和博弈中,即使不考虑海上军事力量的对比,仅从两洋国家与海陆两栖国家的地缘因素角度看,中国就难以占据上风。然而,中国是海陆两栖的国家,可以背靠昆仑山,面对太平洋,倚陆向海。从地缘角度看,中国虽无两洋之利,却有陆海两通之便。在亚欧大陆的内陆,中国占据着海洋国家难以企及的地缘优势。内陆是海权国家的软肋,却是我们的强项。

从长远看,建设陆上通道,实现大陆国家之间的紧密合作,有利于打破以海上霸权为核心的传统西方工业化国家体系的禁锢,为处于全球化边缘地带的广大发展中国家寻找一条新路。一条不受海上霸权制约的资源和制成品通道,可以让"穷国"之间形成互联互通、互助互利的纽带,在发展中国家之间形成合作之网,让总是以发达国家市场为中心的世界经济活动发生转向,改变目前世界体系已经固化的"中心—边缘"等级结构,为促进更加公平的世界的出现创造积极条件。⑨

## 思想市场

2011年《财经》年会上,诺贝尔经济学奖得主科斯郑重其事地宣称:"我有重要的话要对中国说。"他认为,回顾中国过去三十多年,所取得的成绩令人惊叹不已,往前看,未来光明无量。但是,如今的中国经济面临着一个重要问题,即缺乏思想市场,这是中国经济诸多弊端和险象丛生的根源。他指出,开放、自由的思想市场,不能阻止错误思想或邪恶观念的产生,但历史已经表明,压抑思想市场会遭致更坏的结果。一个运作良好的思想市场会培育宽容,是一副有效的对偏见和自负的"解毒剂"。

科斯进一步指出,在一个开放的社会,错误的思想很少能侵蚀社会的根基,威胁社会稳定。思想市场的发展,将使中国经济的发展以知识为动力,更具可持续性。更重要的是,通过与多样性的现代世界相互作用和融合,能使中国复兴和改造其丰富的文化传统。

这就是科斯对"思想市场"以及中国思想市场的认识、看法或忠告。

实际上,"一带一路"就是一个思想市场,一个现实存在但易于被人忽视的思想市场。当中国国内还在热议如何操作"一带一路"战略的时候,日本《外交学者》杂志已经站到了思想的高地认识"一带一路"对思想领域的冲击,它较好地解释了为什么"一带一路"其实是个"思想市场"。就范围而言,穿过中亚和西亚,"新丝绸之路经济带"将中国与欧洲相连接,"21世纪海上丝绸之路"则将中国与东南亚、非洲、欧洲连接起来。"一带一路"战略成为中国外交战略转变的标志,同时也为中国带来了更为开放的思想市场。

就历史与现实而言,"无论是新、旧丝绸之路,它都不仅仅是一条路或是连接不同大陆之间经济的'一带'"。"丝绸之路"的含义已不再局限于连接各大陆交通枢纽网络的意义。在德国地质学家费迪南德·冯·李希托芬提出"丝绸之路"这个概念后,丝绸之路上的重要据点也已随着时间而发生了改变。就经济意义而言,随着区域合作的展开,丝绸之路促进了劳动分工。但是,古丝绸之路最具开创性的历史影响在于促进了思想交流,促进了佛教与伊斯兰教在中国的传播。

对于"一带一路"宏大战略的考量,不应只考虑国内承载力、贸易以及与周边邻国紧密关系的变化,更应考虑其推动因素——思想市场。中国的社会主义市场经济需要思想上的开放。20世纪80年代的改革开放便是一个对国内外逐渐信息开放、思想解放的过程。作为市场经济的基石,信息的价值不可忽视,但思想对市场的作用更加巨大。尽管互联网时代背景下人类传统的交流方式受到冲击,但在可预见的未来,传统的思想交流形式仍然将占主要地位。

实际上,"一带一路"带来的不仅是物质财富,它带来的是一个更宏大、更复杂的思想市场。随着"一带一路"的深入推进,世界上将会出现更加豁达的思想,而少一些无用的空想。中国的历史也证明,闭关锁国终将使国家衰落,"一带一路"将有助于中国更加开放,特别是中国的思想市场与社会将更加开放。唯其如此,中国近代屈辱的历史才不会重来,中华民族的复兴也就指日可待了。⑩

## 中国世纪

国际关系研究学者鲍盛刚指出,"中国世纪"是国际秩序的一种实力转换,更是一种国际秩序理念的创新与革命。如果从实力来看,中国显然无法与美国相比。也就是说,现在谈论"中国世纪"还为时过早。但是,如果从理念来讲,中国所主张的"合作共赢,共同发展,以及主张国际政治多元化与民主化"可谓顺天应时,正获得国际社会越来越多的认同与支持。

2015年初,大批亚欧国家纷纷决定加入亚投行,实际上就是国

## "一带一路"关键词

际秩序的一种转轨迹象。这虽然可能肇源于亚投行的商业机会，但也在一定程度上反映了国际社会对一种新型的多边民主合作架构的认同。哈尔福德·麦金德认为："哥伦布地理大发现的最大历史意义在于将地球翻转过来，令我们看到了包含欧洲、亚洲、非洲以及南北美洲在内的陆半球。更重要的是，不列颠大致处于该半球最显眼的地方。"他的潜台词是，地理大发现的意义不在于发现地理，而在于发现了商业贸易与经济发展的机遇，在于发现这种机遇中英国处于中心地位。从商机的角度而言，中国"一带一路"构想的重要性甚至可以与哥伦布的地理大发现相媲美。它的最大历史意义在于，又将地球180度翻转了过来，令我们看到了已经沉睡了500年的欧亚大陆。更重要的是，中国又回到了中心地位。

"一带一路"构想既是中国的经济战略，又是外交战略。实际上，在当今社会，无论哪个国家的经济战略与外交战略，都难以截然分开，甚至完全无法分开，它们本来就是一体的，中国亦是如此。经济与贸易甚至已经成为中国外交战略的核心部分，这也能够解释为什么国家领导人出访行程中，签署各类经济合作协议是工作的大头。与二战结束后美国提出的"马歇尔计划"不同的是，中国的"一带一路"战略不是一种经济援助计划，也不是基于地缘政治考虑的结果，而是建立在比较优势与全球产业分工体系基础上的新型国际交往实践。"一带一路"建设将贯穿欧亚大陆，东边连接亚太经济圈，西边进入欧洲经济圈，有利于打造规模空前的大市场，促进沿线国家经济发展；有利于中国与沿线国家进一步发挥各自的比较优势，实现优势互补和互利共赢；有利于促进区域内基础设施更加完善，进一步提高贸易投资自由化、便利化水平，打造区

# 第一篇
## 什么是"一带一路"?

域利益共同体和命运共同体;有利于促进不同文明之间的交流,增进互信,加深友谊,促进沿线国家和平发展、区域和谐稳定。"一带一路"战略构想一旦变成现实,将构建起世界上跨度最长、最具发展潜力的经济走廊。它将涵盖占世界总体63%的人口,创造占世界总体29%的GDP,是一个举足轻重,甚至具有决定性地位的经济体、发展共同体。

"一带一路"构想顺应了和平、发展、合作、共赢的时代潮流,提供了一个包容性巨大的发展平台,将中国梦与世界梦进行有机的衔接,充分体现了21世纪中国外交新思维。"一带一路"建设的核心理念是开放包容、共商共建、互利共赢,主要内容是政策沟通、设施联通、贸易畅通、资金融通、民心相通。无论理念还是内容,"一带一路"都与过去的各种国际战略计划完全不同,它坚持公平公正、互惠互利,有着典型的"中国特色"和"中国做派"。

"一带一路"构想以及在此基础上各国合作共赢、共同发展,最终将开创国际关系新格局,推动国际政治民主化。进入21世纪,经济效益和国家雄心已成为全球经济和政治的推动力,并将决定国家之间的关系。一方面,国家利益和安全依然是决定国家行为的首要准则;另一方面,市场逻辑使世界变得越来越小、越来越扁平,世界正在经历从以国家为主导向以市场为主导的深刻变化,人类正在走向一个没有政治边境的世界。布热津斯基曾经指出:"全球化时代已经启动,一个主导性的力量除了执行一项真正体现全球主义精神、内涵和范围的外交政策之外,将别无选择。"在"一带一路"建设过程中,中国坚持一种全球主义精神,展现一种互利合作、互利共赢的精神,有着成为"领导者"的可能。如果中国领导的这种新的经济建设、政治互信的秩序得以建立,那么自然会带来一个"中国世纪"。⑪

## 万隆精神

1955年,部分亚洲和非洲国家的代表相聚印度尼西亚的万隆,召开了第一次没有西方国家参加的亚非国际会议。在当时的国际环境下,发展中国家差异性极大,相互认识不够深入,加上西方国家的挑拨离间,各国间的争议和矛盾非常突出。中国代表团在会议上提倡和坚持求同存异、平等协商精神,推动了会议的顺利举行。

中国国际问题研究院副研究员王洪一认为,当前中国的"一带一路"构想与"万隆精神"不谋而合,也给"万隆精神"带来了新的希望。由于"一带一路"涵盖的大多数国家是亚非发展中国家,各国社会制度、发展模式和利益诉求各不相同,发扬万隆会议所提倡的求同存异和平等协商精神,对于各国寻求共同利益交汇点、谋求合作共赢具有指导意义。

"一带一路"高举"和平、发展、合作、共赢"的旗帜,得到了亚非国家的广泛支持。以合作与发展为目标所成立的金砖银行、丝路基金、亚投行受到各国欢迎,在某种程度上体现了亚非国家在谋求和平与发展事业上的执着,也体现出"万隆精神"在当前国际关系中仍然具有强大的号召力。国际社会高度关注亚非国家纪念万隆会议60周年,并将其与"一带一路"构想相提并论,也充分体现了"万隆精神"持续的生命力。

更值得关注的是,作为"万隆精神"的核心内容,平等互惠等十项原则一直是中国等亚非国家所长期坚持的处理国际关系的原则。坚持这些基本原则,对于亚非国家促进团结合作,推动"一带一路"构想的实现具有重要战略价值。

众所周知,"一带一路"战略的提出,顺应了历史发展的潮流,集中体现了发展中国家建立国际新秩序的愿景。因此,重新发扬"万隆精神",以亚非合作为基础,带动和促进世界各国遵循互不干涉内政、平等互惠、和平共处等万隆会议所提倡的基本原则,无疑将会推动"一带一路"构想及早实现,促进国际政治经济新秩序尽快建立。

实际上,"一带一路"与万隆精神的内在一致性,也获得了第三世界人民的肯定。万隆会议召开地——印尼的驻华大使苏庚认为,"一带一路"的构想与万隆精神不谋而合,是新时代背景下对万隆精神的一种体现,也给万隆精神带来新的希望。他说:"我认为习近平主席提出的'一带一路'的构想正是万隆精神的一种体现,尤其它强调的国家之间的联系性,没有这种联系,你什么也做不了。这种紧密联系的概念至少给地区内的所有国家通过合作发展经济的希望,所以我觉得'一带一路'正好体现了万隆精神。"[12]

## 合作共赢

国防大学战略教研部主任任天佑指出,建立以合作共赢为核心的新型国际关系,是中国立足时代发展潮流和国家根本利益作出的战略选择,也是对世界和谐发展所作的庄严承诺。"一带一路"战略源于古老的丝绸之路,蕴含着中华文化和平、和睦、和谐的价值追求,也是基于中国自身发展历程的历史启示,它是着眼未来的国家大战略,更是中国践行合作共赢理念的重要举措。

"一带一路"突破了传统大国依靠经济殖民、文化殖民而崛起的陈旧逻辑。当今中国走的是和平崛起的新型发展道路,反对霸权主义和强权政治,从根本上摒弃了西方国家"国强必霸"的老路。"一带一路"是中国与沿线国家合作共赢、一起发展、共享红利、共同繁荣的倡议书和路线图。

"一带一路"突破了对抗性思维、零和博弈思维。中国与其他国家的合作是开放的、包容的、建设性的,既不画圈子,也不搞对抗。它强调与现有机制、体系的融合和衔接,致力于维护全球自由贸易体系和开放型经济体系,共同打造开放、包容、均衡、普惠的区域经济合作架构,推动区域内要素有序自由流动和优化配置。

"一带一路"突破了传统的开放合作模式。它不再简单地走把"资金引进来、产品卖出去"或者"对外办工厂、卖产品"的对外开放之路,而是着眼于开展更大范围、更高水平、更深层次的区域合作,与各国发展战略相衔接,建立和加强沿线各国互联互通的伙伴关系,构建全方位、多层次、复合型的互联互通网络,实现沿线各国多元、自主、平衡、可持续地发展,把快速发展的中国经济同沿线国家的利益结合起来,让各国人民共享更高质量发展的红利,共享安宁富裕的生活。

"一带一路"开创了一种崭新的国际合作新模式。继20世纪的世界银行、世界贸易组织等由美国主导的全球合作机制建立以来,除了APEC等区域性合作及其他双边合作模式之外,最具权威性的莫过于由美国推动的"跨太平洋战略经济伙伴关系协定(TPP)"和"跨大西洋伙伴关系协议(TTIP)"谈判了。这两个谈判以塑造排他性的、更高标准的全球贸易与投资新规则为主要内容,以掌控和影响下一轮国际贸易规则主导权,继续主导亚太政经格局为最终目标。无疑,它们将大大压缩全球市场与投资来源,对新兴国家特别是中国发展构成新的挑战和威胁。"一带一路"战略与TPP、TTIP谈判完全不同,它不设排他性的苛刻规则,不限国别范围,不搞封闭机制,有意愿的国家和经济体均可参与进来;它以"共商、共建、共享"为原则,倡导与不同民族、不同文化、不同发展水平的国家进行合作,拓展与亚欧市场的合作,推动市场多元化战略,是一种由中国首倡、各方共赢的具有高度包容性的新型国际合作机制。

"一带一路"提出了一整套配套的国际合作新思路。它秉持"和平合作、开放包容、互学互鉴、互利共赢"的理念,以"政策沟通、设施联通、贸易畅通、资金融通、民心相通"为主要内容,全方位推进务实合作,打造政治互信、经济融合、文化包容的开放性、共赢性区域共同体。为此,中国还制定了"21世纪海上丝绸之路战略""丝绸之路经济带战略""中印缅孟经济走廊战略""中巴经济走廊战略""东北亚经济整合战略"等一系列一体化的配套战略规划,形成了主权投资基金、亚投行、上合组织开发银行、金砖银行等配套金融支撑体系,由此构成了一个完整的战略规划体系。

"一带一路"建立了一个立体化的国际合作新愿景。它打破了原有的点状、块状的区域发展模式。对内,它贯穿中国东部、中部和西部,连接主要沿海港口城市,向中亚、东盟延伸;对外,它从陆上涵盖东南亚和东北亚地区,从海上连通欧、亚、非三大洲,进而形成一个海上与陆地相衔接的环形经济带。同时,"一带一路"还是一种全方位、多层次的合作体系,它通过与沿线各国在交通基础设施、贸易与投资、能源合作、区域一体化、人民币国际化、人文艺术等领域的交流合作,打造政治互信、经济融合、文化包容的利益共同体、责任共同体和命运共同体。这与传统的以经济和贸易为单一内容的国际合作机制是完全不同的。[13]

## 雁阵模式

所谓"雁阵模式"或"雁阵理论",指的是某一产业在不同国家伴随着产业转移先后兴盛衰退,以及在其中一国中不同产业先后兴盛衰退的过程。这一理论形象地概括了不同经济发展水平国家和地区的产业模式,对于我们理解"一带一路"具有重要启发性。有学者认为,"一带一路"实际上是一种升级版的雁阵模式。

从发展经济学、区域经济学理论来说,雁阵模式的核心是产业转移。从20世纪60年代到80年代,从日本到"亚洲四小龙",再到东盟其他国家,东亚国家和地区通过产业的依次梯度转移,大力发展外向型经济,实现了整个地区的经济腾飞,形成雁阵模式。这种雁阵模式是以日本为核心的梯度分工体系,其中日本以其先进的工业结构占据了雁阵分工体系的顶层,新兴工业化经济体处于第二梯度,中国及东盟诸国为第三梯度。三个梯度分别以技术密集型与高附加值产业、资本技术密集型产业、劳动密集型产业为特征。

日本通过积极的产业政策、绑定对外援助、遍布全球的商会组织、企业联合舰队式的海外投资模式以及引导"走出去"的金融税收担保等政策,有力地支持了纺织工业、小型电子元件、半导体装配以及机械零件工业的梯次转移,进而促进了国内产业结构的升级。同时,东亚地区经济也因此繁荣,"亚洲四小龙"先后经历了劳动密集型产业、资本密集型产业、技术和知识密集型产业的发展过程,成功地实现了经济转型。

随着中国产业结构升级以及日本经济持续衰退,过去以日本为"雁首"的亚洲产业分工和产业转移模式逐渐被打破。根据劳动力成本和各国的自然资源禀赋相对比较优势可以推测,未来几年内,中国的劳动力密集型行业和资本密集型行业有望依次转移到"一带一路"周边国家,带动这些国家产业升级和工业化水平提升,并形成以中国为"雁首"、高加索和中东七国为"雁翼"、中亚为"雁身"、两翼五国为"雁尾"的升级版雁阵模式。具体来说,除中国外,其他各国的产业分工可能如下:印度、蒙古等国家由于劳动力成本偏低且劳动力丰富,更适合承接纺织品行业;中东七国拥有大量的石油等资源,适合承接石油加工及炼焦业、化学及化学制品、橡胶及塑料制品行业;中亚五国的矿产资源丰富,地域宽广,更适合发展金属及金属制品、运输工具及设备;高加索地区具有一定的工业基础且工资水平较高,适合承接电气电子和光学设备、机械设备行业。[14]

"一带一路"关键词

# 全球经济新循环

"一带一路"是中国将自身经济增长体系转化为区域增长体系的重大战略。国家信息中心副研究员张茉楠指出,当前全球贸易体系正经历自 1994 年乌拉圭回合谈判以来最大的一轮重构。在改革开放的第一阶段,中国较好地利用了经济全球化的机遇参与国际分工,使自身参与到他国创造的机会中去。"一带一路"则大为不同,它是中国为全球创造经济增长机会、构建新型经济增长模式的重要举措,也是中国改革开放的第二阶段。可以预见,"一带一路"战略的顺利推进有望建立全球经济新循环。

"一带一路"将促成全球第三大贸易轴心。"一带一路"地区覆盖总人口约 46 亿,GDP 总量达 20 万亿美元。该区域国家的经济增长对跨境贸易的依赖程度都比较高,各国平均外贸依存度 2000 年为 32.6%,2010 年提高到 33.9%,2012 年达到 34.5%,远高于同期 24.3% 的全球平均水平。根据世界银行相关数据计算,1990—2013 年,全球贸易、跨境直接投资年均增长速度为 7.8% 和 9.7%,而"一带一路"地区 65 个相关国家同期的年均增长速度分别达到了 13.1% 和 16.5%。尤其在国际金融危机后的 2010—2013 年,"一带一路"地区对外贸易、外资净流入年均增长速度分别高达 13.9% 和 6.2%,比全球平均水平高出 4.6 个百分点和 3.4 个百分点。可以说,"一带一路"正在形成除大西洋贸易轴心和太平洋贸易轴心之外的全球第三大贸易轴心。

除将构筑新的"雁阵模式"外,"一带一路"将形成陆海统筹的经济循环。"一带一路"将打破长期以来陆权和海权分立的格局,推动形成一个欧亚大陆与太平洋、印度洋和大西洋完全连接、陆海一体的地缘空间格局。同时,"一带一路"还将建立一批纵横交错、互相连接的沿海、沿江、沿边的战略大通道,通过外部通道建设加快内部各主要经济区块联系和整合,缓解内陆特别是西部区位和空间劣势,破解内陆地区因不靠边、不靠海导致的开放条件制约,加快中国西部地区同长三角、珠三角(含港澳)、环渤海和东南亚地区的连通,弥补传统欧亚大陆桥辐射力的缺失。在此基础上,以跨境大贸易、大合作、大边通打造一批重要物流链和关键节点,推动形成具有跨国境要素集成能力、市场辐射能力的区域产业发展新布局。

"一带一路"还将与国内自贸区形成联动。"一带一路"与自贸区建设具有"一体两面,相互配套"的关系,它们将共同构成中国对外开放的新格局,前者侧重于以基础设施为先导,促进沿线经济体互联互通;后者则以降低贸易门槛、提升贸易便利化水平、加快区域经济一体化为主要内容。[15]

## 修昔底德陷阱

所谓"修昔底德陷阱",指的是一个新崛起的大国必然要挑战现存国际秩序,特别是要对当前已经"扬名立万"的大国发起挑战,而现存大国也必然会回应这种威胁,于是战争不可避免。这一概

## "一带一路"关键词

念来源于古希腊的智者修昔底德,他曾预言,当一个崛起的大国与既有的统治霸主竞争时,双方的竞争和冲突大多以战争告终。实际上,"修昔底德陷阱"的提出者、信仰者遵循的是一种纯粹的"丛林法则"思维,他们看待国家与看待狮群争霸、虎王称雄、猴子称大王一样,认为一旦现有的"兽王"受到新人的挑战,就必然"单挑"并决出最终的胜者。这种思路,对人类社会而言,就有些"魔咒"的味道了。

《人民日报》特约评论员、太湖世界文化高级顾问叶小文指出,近代大国崛起过程中,"魔咒"不断"显灵"。从世界历史进程来看,新兴大国挑战现存大国共有15次,其中11次发生了大规模的战争。在亚洲,日本在明治维新崛起之后,就迅速走上军国主义道路。它不仅挑战衰落中的大清帝国,还冒险与近现代一直处于强国地位的沙皇俄国开战,甚至后来发展到与世界上工业发展程度最高的美国开战的地步。

今天,这个"丛林法则"式的"魔咒"似乎依然"阴魂不散"。好像总有国家渴望永远当统治霸主,当世界老大,当亚洲老大。因此,有人担心,随着中国的迅速崛起,"魔咒"似乎又要来了,复兴的中国又要与守成大国迎头相撞了。

这种顾虑其实是毫无道理的,既缺乏历史的深度,也缺乏发展的眼光。当今世界,历史条件已不同于50年前,不同于100年前,更不同于200年甚至300年前。随着科学技术的进步,人类思想文明程度不断提高,当今世界各国已经普遍有了共赢的思路,已不会被一句简单的"魔咒"套住,陷入"不是你死就是我亡"的梦魇。

自文艺复兴以来,近代大国的经济发展无一不以工业化和城市化为基本模式,这就必然需要不断扩张国际市场,消耗大量煤、石油和天然气等不可再生资源。近代西方国家在崛起的过程中,为满足这种需求,以坚船利炮、圈占土地为手段,对他国进行侵略、剥削和奴役。这虽造就了近代西方世界的繁荣,却也种下了仇恨的种子。同时,崛起大国与既有霸主常常兵戎相见。这令完全崇尚"丛林法则"的西方国家举步维艰。世界要有更大的发展,就必须发生颠覆性的变化,推行互利共赢而非"我起来,你倒下"的发展战略。

中国提出的"一带一路"战略正是解决这种问题的。习近平主席多次强调,"我们需要树立同舟共济、互利共赢的意识,加强合作,联合自强"。这是一种走出"修昔底德陷阱"的宣言,也是向世界表明,我们的"一带一路"战略是"你好我好大家好"的"游戏",追求的是世界范围内的"帕累托改进"——大家都过上好日子,我的致富不影响你的致富。"一带一路"战略从一开始就尊重各国的利益,包括大国的利益,它完全不是修昔底德所描述的那种一开始就准备"把当前的大国打翻在地的游戏"。

其实,大思想家汤因比对中国发展战略的认识还是比较到位的。他指出,中国这个东方大国从来没有对其疆域以外的任何土地表示过帝国主义野心,传统上就是一个大而不霸的国家。"避免人类自杀之路,在这点上现在各民族中具有最充分准备的,是两千年来培育了独特思维方法的中华民族。""一带一路"的践行,也完全符合汤因比的判断,它只会带来所有参与国的欣欣向荣,而不会掉进"修昔底德陷阱"。⑯

"一带一路"关键词

# 中巴经济走廊

2015年4月20日至21日,习近平主席出访巴基斯坦,中巴两国签署了一系列经贸大单,"中巴经济走廊"再次引起全球瞩目。作为北接"丝绸之路经济带",南连"21世纪海上丝绸之路",贯通南北丝路关键枢纽的"中巴经济走廊",被普遍认为是"一带一路"战略推进的开局之作,对带动"一带一路"具有较强的示范效应。中国外交部长王毅就把"中巴经济走廊"描述为"一带一路"这首"交响乐第一乐章中的华彩旋律"。

《广州日报》特派伊斯兰堡记者就此撰文指出:"中巴经济走廊"起步早、起点高、内容全面。"中巴经济走廊"对于两国来说不是新鲜词。早在2013年5月与7月,在中巴最高层互访期间,两国政府就提出了共同建设"中巴经济走廊"的战略蓝图,其初衷是加强中巴之间交通、能源、海洋等领域的交流与合作,深化两国之间的"互联互通"。当时,两国政府初步制订了修建新疆喀什市到巴方西南港口瓜达尔港的公路、铁路、油气管道及光缆覆盖"四位一体"通道的远景规划。此后,中巴政府在《关于新时期深化中巴战略合作伙伴关系的共同展望》战略合作框架下,设立了"中巴经济走廊远景规划联合合作委员会"(简称"中巴经济走廊委员会")。该委员会由中巴双方相关部委直接参与,双方以"快马加鞭"式的合作速度,每5个月进行一次高层磋商会,极大地推动了"中巴经济走廊"规划的具体项目落实,"远景规划"加速转入具体推进的快车道。

第一篇
什么是"一带一路"?

"中巴经济走廊"根基牢固,基础雄厚。凡是到过巴基斯坦的中国人处处都能感受到巴基斯坦对中国的友好与热情,中巴"四好"友谊(好邻居、好朋友、好伙伴、好兄弟)根基深厚。中国驻巴金融界、媒体界、企业界的多位负责人都表示,尽管巴基斯坦工作、生活条件相对差一些,但处处都能感受到"主人翁"与"贵宾"的存在感、尊重感与自豪感。巴基斯坦甚至专门培训了1.2万名安全人员,成立了一个"特别部门"以保护在"中巴经济走廊"上工作的中国员工。尽管近年巴基斯坦面临恐怖主义威胁,投资的安全环境有待改善,但"中巴经济走廊"建设的有效推进,显然与中巴两国传统友谊深、政治互信高、经济互补强密不可分。中巴之间政治上的高度互信,从来都是超越巴基斯坦的党派利益的,两国是"当代国际关系的一个真正独特模式的友好关系"。这是"中巴经济走廊"建设排难攻坚、快速推进、扎实有效的"润滑剂、原动力、保护伞",这种雄厚的基础是中国与其他国家之间尚不存在的。

"中巴经济走廊"投资迅速,见效快捷。2015年4月8日,"中巴经济走廊委员会"在伊斯兰堡正式成立。对此,巴方计划发展部部长阿桑·伊克巴尔表示:"'中巴经济走廊'像一个大框架,内涵丰富,包括公路、铁路、管道、港口、园区等。"在中巴经济走廊委员会副主席萨义德看来,"中巴经济走廊"是"一份来自中国朋友的礼物"。作为"中巴经济走廊"的旗舰项目,瓜达尔港建设速度备受全球媒体关注。2013年,中国取得瓜达尔港40年的商业经营权。仅用了2年时间,瓜达尔港的基础设施建设就初具雏形,从2015年4月正式开始商业运营。巴方力图从瓜达尔港的工作中学习中国经验,采取开放、灵活、优惠的投资政策,将瓜达尔港打造成一个巴版的"自由贸易区"。

"中巴经济走廊"多方共赢,经济前景可观。借助"中巴经济走廊"项目,中巴能够实现全方位的互联互通、多元化的互利共赢。从巴基斯坦方面看,"中巴经济走廊"建设将直接为当地民众提供大量工作机会,有效缓解巴基斯坦基础设施滞后的局面,助力巴基斯坦改善电力供给,推动巴基斯坦渔业、农产品、纺织等产品"走出去",最终实现巴基斯坦的经济脱困。从中国方面看,"中巴经济走廊"带动了沿线一大批能源、电力、公路、铁路等基建重大项目,自然也就成为中企关注的焦点。在此过程中,中巴商贸、物流、教育等方面也迎来良好的合作机遇。更重要的是,"中巴经济走廊"有助于促进整个南亚的"互联互通",积极推动地区和平、稳定和发展。

总体来看,"中巴经济走廊"不仅会对中巴经济发展产生强大的推动力,而且还将惠及整个亚洲经济,会使包括中国、南亚、中亚以及中东地区在内的 30 多亿人受益。它从陆路开辟了通向中东的门户,以此为枢纽,可把中国、波斯湾和阿拉伯海连接起来,开辟一条绕过马六甲海峡的内陆通道,把"一带一路"上大多数国家连在一起。就此而言,它无愧于"一带一路"这首"交响乐第一乐章中的华彩旋律"的美誉。[17]

第二篇

# "一带一路"做些什么?

"千里之行,始于足下",无论多么完美的战略计划,如果不去落实,它就是废纸一张、废话一堆的"纸上风暴"。"一带一路"战略虽然是一项力图为世界贡献"中国力量"的多方共赢发展战略,但如果不搞清楚到底要做些什么,它就是镜中花、水中月。

## 四面开花

"四面开花"是"一带一路"的四大战略方向。具体地说,它指的是从东、西、南、北四个方向出击,形成"东出""西进""北上""南下"四大战略,实现"内陆地区外向化""西部地区国际化",全方位参与到全球经济分工体系中去。

中共中央党校张玉杰教授指出,四大战略体系彼此方向互补、内容互补、力量互补、作为互补,最终形成亚洲大陆发展新格局。

"东出"战略,指的是面向东部沿海地区的战略部署。东部地区北起辽宁丹东,沿着海岸线向南、向西,直至广西北海,全区覆盖辽宁、河北、天津、北京、山东、江苏、上海、浙江、福建、广东等10个省、直辖市。"东出"就是要扩大沿海经济,充分利用沿海地区的地缘优势、交通优势、气候条件优势和经济资源优势,把战略目光指向东方,指向海路,指向庞大的环太平洋地区。当前,"东出"战略必须运用好"中国与亚太经济合作组织""亚太自贸区"等合作平台。

"西进"战略,指的是面向中西部地区的战略部署。西部地区是中国的内陆,它东起内蒙古,沿着陆路边境线向西、向南、向东,直至广西北海,覆盖内蒙古、甘肃、新疆、西藏、青海、云南、广西、陕西、山西、宁夏、四川、重庆、贵州等13个省、自治区、直辖市。"西进"就是要扩大沿边经济,充分利用沿边地区的地缘优势、生态优势、民族优势、经济资源优势,面向西方,面向陆路,面向中西亚,直至欧洲、非洲。目前,"西进"战略必须紧紧依托"中国与上海合作组织""中欧命运共同体""中国与周边国家互联互通"等合作平台。

"北上"战略,指的是面向东北、西北、华北地区的战略部署。"三北地区"幅员辽阔,以黄河流域以北地区为主,涵盖内蒙古、甘肃、新疆、陕西、山西、宁夏、吉林、黑龙江、辽宁、河北、天津、北京等12个省、自治区、直辖市。"北上"就是要扩大沿边、沿海经济,充分利用沿边地区的地缘优势、经济资源优势,走向北方,走向陆路,走向蒙古国、俄罗斯、远东、东北亚。如今,"北上"战略应牢牢抓住"中国与上海合作组织""中国与东北亚区域合作"等合作平台。

"南下"战略,指的是面向南部地区的战略部署。南部地区包括长江向南延伸的广大地区,覆盖西藏、云南、广西、四川、重庆、贵州、广东、湖北、湖南、江西等10个省、自治区、直辖市。"南下"就是要扩大沿边、沿海经济,充分利用沿边地区的地缘优势,去南方,去陆路和海路,去南洋、东南亚、东盟、南亚,直至海湾地区、非洲。当前,"南下"战略应好好把握"中国与东盟命运共同体""中国与南亚国家合作""中国与非盟合作""中国与阿盟合作"等合作平台。⑱

## 中亚绿洲丝绸之路

"中亚绿洲丝绸之路"以中亚国家和地区为基础,面向的是一个巨大的经济合作区域,除了已经拥有 19 个成员国的欧盟和 2015 年 1 月开始启动的由部分独联体国家组成的"欧亚经济联盟"外,还有包括西亚、小亚细亚、海湾国家以及北非、南欧和尚未进入欧盟的诸多中欧东欧国家。

在古代,中亚国家和地区一直就是丝路贸易的参与者和共同开创者。中亚是古代民族迁徙的十字路口。中国西汉时代西迁的古月氏民族和希罗多德记录的斯基泰人辗转南迁的塞人族群,以及中国隋唐时期散居在中亚河地区的粟特人,都是丝绸之路商业链条上最重要的商业群体。有了这些商业群体,丝绸贸易才能远行,丝绸之路才能形成。他们的贸易才能和商业名声并不亚于地中海贸易时代的腓尼基商人、迦太基商人和希腊人以及罗马时代的威尼斯商人和后来的阿拉伯商人。如果没有他们的中转与出色的经营,纵有丝绸,行而未远,丝绸之路也就很难成为古代经济文化与技术交流集大成的丝绸贸易之路。

## "一带一路"关键词

"中亚绿洲丝绸之路"经济带有一个明显的地缘结构特点,北与"北方草原丝绸之路"交汇,南向南亚地区,中路直抵西亚、小亚半岛、地中海与北非,是典型的扇形结构。由此,也引出了三条经济走廊与三条大的道路联通。最北的一条通向南俄草原,进而走向欧洲,与"北方草原丝绸之路"殊途同归。中间的一条则通向西亚国家,目前正在联通之中。"中亚绿洲丝绸之路"向南,是与南亚、西南亚国家和地区相互连接的道路,也就是人们所熟知的"中巴经济走廊"。在中国国内,历史上就有大南道与大北道、天山北道与天山南道之分,现在的主要连接线是天山南经济带的南疆铁路和天山北经济带的北疆铁路。北疆铁路北经哈萨克斯坦和俄罗斯欧洲部分,连接欧洲,也就是通常所说的"第二欧亚大陆桥"。

除了第二欧亚大陆桥,还有经由哈萨克阿拉木图、西姆肯特和哈萨克西部干草原并直抵法国和西班牙的"双西公路"。"中土哈输气管道ABC线"也由此通向中国。中亚国家有经济活力,虽然油气价格暴跌影响经济增速,但有了已经运转的"新丝绸之路"和多元投资合作,就能够有效抵御经济风险。中亚五国是走向欧洲的必经之途。从中国西部到欧洲,可以分为五个发展台地,即五个丝路合作段落:中国新疆是第一个台地,中亚国家是第二个台地,第三个台地是里海以北的周边国家,第四个台地是东欧、中欧国家,第五个台地是北欧与西欧。欧盟国家与中国是欧亚大陆发展的"双引擎",欧洲目前虽然在经济发展中遇到波折,但欧亚国家之间的经济互补性强,发展前景非常乐观。

当前,这条"中亚绿洲丝绸之路"已经在全面复苏之中,并迅速延伸发展,逐渐进入一个崭新的发展时期。[19]

## 第二篇 "一带一路"做些什么?

## 桥头堡

"桥头堡"是陆桥经济研究中一个具有特定内涵的重要概念。港口的性质、运输线路的便捷和政府部门的定位是确定桥头堡的主要依据,融国际运输中心、金融中心、信息中心为一体的国际商贸中心是桥头堡的主要功能定位。根据《推动共建丝绸之路经济带和21世纪海上丝绸之路的愿景与行动》的布局,西北三省是中国推进"一带一路"建设的桥头堡。"西北三省"是指"一带一路"建设中最前沿的三个省级地方行政规划区,即新疆维吾尔自治区、陕西省、甘肃省。作为"一带一路"的"桥头堡",深入分析、认识它们的优势,对于中国建设"一带一路"、其他省份参与"一带一路"都有着重要意义。

中共中央党校赵磊教授指出,就新疆来说,它的比较优势主要是区位优势、资源优势、政策优势、航空优势、平台优势和人文优势。就区位来说,新疆临近中亚,在其5600多公里的漫长边界线上,与8个国家接壤,拥有17个对外开放一类口岸。它是中国能源资源的战略基地,也是国家西部大开发的重点。2011年1月,中国开始了新一轮内地19省市对口支援新疆工作,新疆在经济社会发展的方方面面都享受着国家的政策倾斜和照顾,拥有财税、金融、土地、产业等诸多的优惠政策。目前,新疆通航机场达到22个,成为全国支线机场数量最多的地区,国际航线可通土耳其、中亚五国、阿塞拜疆、俄罗斯、巴基斯坦、阿联酋等。新疆还建成了亚欧博览会,它已经成为吸引世界各国投资的可靠平台。新疆与周边国家交往便利、直接,人文环境、宗教、民族习俗相近,相互间有着天然的"兄弟般"的友谊。

陕西的比较优势集中在金融、旅游资源、工业基础、科教、平台几个方面。陕西围绕丝绸之路正在建设并不断完善五大中心,即金融中心、物流中心、使领馆中心、文化交流中心、商贸中心。其中,金融是关键环节,而且已经初见成效,形成了较大的金融优势。陕西资源品位高、存量大、种类多、文化积淀深厚,地上地下文物遗存极为丰富,被誉为"天然的历史博物馆",对世界各国人民都有着极大的吸引力。陕西有着大量国家核心骨干企业,特别是前沿制造业处于领先地位,是中国仅有的几个既能够生产大型飞机,又能够生产火车机车、卡车、轿车的省份,其工业基础极其厚实。陕西拥有丰富的科研院所和高校资源,能够吸引中亚国家精英阶层人士及其子女前来留学,并把西安作为一个文化交流中心。另外,陕西已经建成了"欧亚经济论坛",它是国外工商业领域向外寻求投资必须咨询的中国大型商贸交流平台之一。

甘肃的优势主要在于其区位、旅游资源和交通资源。丝绸之路全长近7000公里,在甘肃就有1600多公里,是丝绸之路的精华路段。甘肃有着大量的丝绸之路沿线旅游资源,如敦煌莫高窟、敦煌月牙泉、嘉峪关古长城、酒泉古泉水、白银黄河石林等,它们吸引着世界各国的游客。甘肃的陇海线、兰新线是"一带一路"通往中国的主轴,省会兰州又是这条主轴的中心节点城市。甘肃的交通优势在"一带一路"上是其他任何省份都不可比拟的。

当前,新疆、陕西、甘肃在"一带一路"上的优势还未完全释放出来,其他省份也没有充分认识到这三省的优势对于自己的价值所在。随着"一带一路"建设的深入,这种优势会逐渐产生"正增长机制",因其而生的各种收益会越来越多。[20]

## 中欧班列

中欧班列是指中国开往欧洲的快速货物班列,适合装运集装箱的货运编组列车。这些列车都要经过"一带一路"的核心地区,甚至列车本身就是"一带一路"上的"马车夫"。目前,已经通车的共有西、中、东三条线路。西部通道由中国中西部经阿拉山口(霍尔果斯)出境,中部通道由中国华北地区经二连浩特出境,东部通道则由中国东南沿海地区经满洲里(绥芬河)出境。各条线路班列开行情况如下:

中欧班列(重庆—杜伊斯堡):从重庆团结村站始发,由阿拉山口出境,途经哈萨克、俄罗斯、白俄罗斯、波兰至德国杜伊斯堡站,全程约11000公里,运行时间约15天。货源主要是本地生产的IT产品,2014年已开始吸引周边地区出口至欧洲的其他货源。首列于2011年3月19日开行,截至2014年8月1日,共开行114列,其中2014年开行22列。

中欧班列(成都—罗兹):从成都城厢站始发,由阿拉山口出境,途经哈萨克斯坦、俄罗斯、白俄罗斯至波兰罗兹站,全程9965公里,运行时间约14天。货源主要是本地生产的IT产品及其他出口货物。首列于2013年4月26日开行,截至2014年8月1日,共开行58列,其中2014年开行26列。

中欧班列(郑州—汉堡):从郑州圃田站始发,由阿拉山口出境,途经哈萨克斯坦、俄罗斯、白俄罗斯、波兰至德国汉堡站,全程10245公里,运行时间约15天。货源主要来自河南、山东、浙江、福建等中东部省市。货品种类包括轮胎、高档服装、文体用品、工艺品等。首列于2013年7月18日开行,截至2014年8月1日,共开行41列,其中2014年开行28列。

中欧班列(苏州—华沙):从苏州始发,由满洲里出境,途经俄罗斯、白俄罗斯至波兰华沙站,全程11200公里,运行时间约15天。货源为苏州本地及周边的笔记本电脑、平板电脑、液晶显示屏、硬盘、芯片等IT产品。首列于2013年9月29日开行,截至2014年8月1日,共开行16列,其中2014年开行15列。

中欧班列(武汉—捷克、波兰):从武汉吴家山站始发,由阿拉山口出境,途经哈萨克斯坦、俄罗斯、白俄罗斯,到达波兰、捷克、斯洛伐克等国家的相关城市,全程10700公里左右,运行时间约15天。货源主要是武汉生产的笔记本电脑等消费电子产品,以及周边地区的其他货物。首列于2012年10月24日开行,截至2014年8月1日,共开行10列,其中2014年开行9列。

中欧班列(长沙—杜伊斯堡):始发站在长沙霞凝货场,具体实行"一主两辅"运行路线。"一主"为长沙至德国杜伊斯堡,通过新疆阿拉山口出境,途经哈萨克斯坦、俄罗斯、白俄罗斯、波兰、德国,全程11808公里,运行时间18天,2012年10月30日首发。"两辅"中,一是经新疆霍尔果斯出境,最终抵达乌兹别克斯坦的塔什干,全程6146公里,运行时间11天;二是经二连浩特(或满洲里)

出境后,到达俄罗斯莫斯科,全程 8047 公里(或 10090 公里),运行时间 13 天(或 15 天)。

中欧班列(义乌—马德里):自义乌铁路西站始发,通过新疆阿拉山口口岸出境,途经哈萨克斯坦、俄罗斯、白俄罗斯、波兰、德国、法国、西班牙,全程 13052 公里,运行时间约 21 天。该条线路首趟班列有 41 节列车,运载 82 个标准集装箱,全长 550 多米,于 2014 年 11 月 18 日上午 11 点多首发,是截至目前中国行程最长、途经城市和国家最多、境外铁路换轨次数最多的火车专列。

中欧班列(哈尔滨—俄罗斯):自哈尔滨香坊火车站出发,经滨洲铁路 1004 公里到达满洲里口岸站出境,再经俄罗斯西伯利亚大铁路 5574 公里到达比克良站,全程运行 6578 公里。通过铁路国际货物班列运输货物,黑龙江省到达俄罗斯中部地区比空运可节省运费 3/4 左右;较普通零散运输,运到时间可缩短 2/3 以上,运费可节省 25% 以上。2015 年 2 月 28 日,一列满载石油勘探设备的集装箱货运班列作为该班列的首班从哈尔滨出发,于 10 天后到达俄罗斯中部比克良火车站。这标志着中国最北省份黑龙江省首趟中欧班列正式上线运营,将成为深化对俄全方位交流合作,带动黑龙江沿边开放升级的"新引擎"。[21]

## 人文交流

建设"一带一路",人文交流既是应有之义,也是重要途径。在全球共融的时代背景下,与沿线各国的人文交流既要秉承传统,又要突出特色。国防大学孙存良、李宁指出,要做到这一点,就必须开展文化合作与交流,进行教育合作与交流,打造"一带一路"智库,发挥华侨华人的积极作用,发展丝绸之路特色旅游,通过民间外交讲好"中国故事"。

在文化合作与交流中,要加强顶层设计和战略部署,推动政府间文化交流与合作深入发展,发挥现有丝绸之路品牌工作成果优势,精心打造新的文化交流品牌。要组织"丝绸之路文物展"系列活动,深入挖掘丝绸之路的灿烂文化和宝贵精神,传承丝绸之路友谊,弘扬丝绸之路精神,促进不同种族、不同文化的国家共享和平、共同发展。要发挥地方政府作用,对地区的文化交流资源进行深度挖掘,并围绕丝绸之路历史上的人文事件进行资源整理,举办"丝绸之路文化联展",加深彼此国家民众对古代双方文化交流的全面了解。要深化地方政府同沿线国家、地区文化互访、交流,举办文化活动,发展文化贸易,实现文化资源互通共享。

在教育合作与交流中,要构筑中国同沿线国家人文教育交流合作平台,加强人文和教育互联互通,建设软环境平台;建立长期稳定的教育人文合作机制,而且要官民并举,促进人文教育交流合作长期稳定发展。要完善相关配套政策,投入保障资金,特别是在学生和学者的学习交流方面。同时,要大力开展外语教学、双语教学和多语种教学,促进文化交流和理解,并继续在沿线国家开办有"一带一路"特色文化标识的孔子学院。要扩大对外教育交流的力度,通过实施各项"留学中国计划",扩大外国学生来华留学规模。同时,要大力发展各种类型的职业技术教育和培训项目,有效促进人力资源能力建设。此外,还要积极开展校际交流和联合科研,共建实验室和研究机构。

在打造"一带一路"智库的过程中,需要开设各类"丝绸之路研究院",为政府"一带一路"合作决策提供建议,在有争议的问题上提供建设性的方案。要建立起不同智库间的合作机制,开展定期互访,共同举行研讨会,派遣人员进行访问研究,不断促进相互交流。

在"一带一路"建设过程中,华侨华人是一股不可替代的力量。"一带一路",特别是"21世纪海上丝绸之路",与东南亚各国的华侨华人息息相关。不论是在经济、教育还是文化、艺术方面,华侨华人都发挥着重要作用,我们必须抓住并用好这一特殊优势。比如,国务院侨办可在博鳌亚洲论坛框架内举办"华商和华人智库圆桌会议""世界华侨华人工商业高端峰会";也可以利用好诸如在印尼举行的"世界华商大会"等现有平台,通过各种场合和各类方式将"一带一路"宣传开来、推介出去。

旅游业作为开放性、综合性产业,凭借其先联先通的独特优势,可走在国家战略的前沿,为"一带一路"的落地营造氛围,积聚人气。2014年11月8日,习近平主席在"加强互联互通伙伴关系会"上进一步指出,"应该发展丝绸之路特色旅游,让旅游合作和互联互通相互促进"。为此,国家旅游局将2015年国家旅游年主题确定为"美丽中国—丝绸之路旅游年",口号确定为"游丝绸之路,品美丽中国"与"新丝路、新旅游、新体验"。丝绸之路是中国旅游最具有代表性的品牌之一,拥有很高的国际知名度和影响力,其沿线地区历史悠久,文化灿烂,旅游资源富集,应该也必须好好加以利用。

党的十八大报告指出:"要扎实推进公共外交和人文交流,加强民间团体的对外交流,夯实国家关系发展社会基础。"民间外交作为"一带一路"国际交流的一种重要补充形式,是一种立足长远、积极主动的行为。在推行民间外交过程中,既要"请进来"展示成果,又要"走出去"开展交流,通过高级别人员会见,组织相关业界人士座谈,参观地域性特色产业、教育、文化、医疗、卫生等方式,把真实、有趣、感人的"中国故事"全方位、多角度地展示给世界,让世界更好地了解中国的过去、现在和未来。[22]

## 都市圈

所谓"都市圈",是指由起核心作用的一个中心城市或几个大城市再加上周边受到中心城市强烈辐射、有着紧密联系的地区组成的城市经济区域。它是城市群发展到成熟阶段的最高空间组织形式,在各国及世界经济发展中起着枢纽作用,具有强大的国际辐射能力和"场效应"。在中国新型城镇化的大背景下,都市圈以其独有的特点和属性,势必成为"一带一路"战略实施的重要载体。

从战略背景的角度看,都市圈能以群体性竞争优势参与国际竞争。重庆市中国特色社会主义理论体系研究中心杨勇指出,都市圈通过中心城市的集聚和辐射效应,将周边城市有效地组织起来,成为一个有组织、有效率的有机整体,形成群体性的竞争优势。一方面,圈域内的资源空间优化配置,有助于获得圈域经济的高效增长；另一方面，圈域间的资源空间优化配置，可促进整个国民经济协调发展。都市圈既是城市和区域经济演进的必然产物，又是群体竞争时代的客观要求，也是重塑区际分工与协作的重要手段。通过都市圈内部城市联动发展，有利于国际分工和国际竞争，有利于增强其国际竞争能力，进而保障中国经济的可持续发展。

从资源配置的角度看，都市圈可充分发挥企业在资源配置中的主体作用。都市圈经济合作要以市场机制为决定性的协调力量，通过强化市场的资源配置功能，扩展地区合作秩序，深化区域分工体系。都市圈经济模式是分工扩大化的结果。随着城市经济的发展，既有的分工体系已经不能满足经济发展的需要，而扩大化的以区域为主体的分工体系则克服了以城市为主体的分工体系所不能克服的"小而全"的弊端，并带来规模经济效应。分工扩大化要求都市圈经济必须以市场机制为导向，引导资源要素在都市圈内部自由流动，实现资源优化配置。同时，随着企业规模不断扩大，交通设施不断改进，加之信息时代、知识经济时代的来临，企业对市场空间的需求越来越大，它们寻求突出重围，寻找新的发展空间。在这种情况下，政府应主动打破地区封锁坚冰，破除行政垄断，为企业的跨地区经营创造平等通畅的竞争环境，使企业能在区域整合中发挥主力军的作用。

从圈层发展的角度看，都市圈能强化支撑体系的一体化整合作用。都市圈内城际经济联系强度是衡量都市圈经济效应发挥的重要指标，而城际经济联系的强弱则取决于都市圈支撑体系。都市圈支撑体系区别于一般意义上的基础设施建设，涵盖的范围更广,针对性更强。都市圈支撑体系大致可划分为三个层次,即公共服务体系、企业服务体系和个人服务体系。因此,都市圈支撑体系建设既要重视道路等基础设施建设,也要重视通信、电信、资源、环境等方面的基础设施建设;既要重视硬件设施建设,也要重视软件设施建设;既要注重公共产品的提供,也要注意服务质量的提高;既要重视为企业服务,也要重视为个人服务。这与《推动共建丝绸之路经济带和21世纪海上丝绸之路的愿景与行动》中提出的构建全方位、多层次、复合型的互联互通网络有异曲同工之妙。

  从合作共赢的角度看,都市圈能以竞合机制不断推动发展协同化。合作共赢、发展协同化是都市圈经济模式的重要特点。所谓"发展协同化",是指都市圈以中心城市为核心,通过经济辐射和经济吸引,带动周围城市和农村联动发展,以形成一体化的生产和流通经济网络。都市圈所强调的"竞争与合作,以合作为主"理念,已成为重塑新型区域关系和城乡关系的关键。都市圈强化不同城市之间的合作,使区域空间整体协调发展,实现共同发展。国外经验表明,都市圈主要借助管理上的整合,以综合化、多样化、均衡化发展为原则,并通过建设新城镇、完善区域性基础设施,促进人口、工业、基础设施等要素郊区化和中心城市的有序扩散,最终达到引导和促进区域整体有序开发的目的。因此,要充分利用都市圈内部城市间紧密的经济联系,使其作为一个整体参与到"一带一路"的建设中去,实现合作共赢、发展协同化。[23]

## 民间组织

开展"一带一路"公共外交,仅由政府单枪匹马肯定是不够的,它需要各类主体的参与,其中民间组织不可或缺。

当代世界研究中心胡昊、王栋指出,可设立相应的机制或平台,帮助政府、企业、媒体和民间组织之间开展良性互动,从而与对象国构建全方位、多领域的立体关系。中国民间组织起步晚、经验少,要想在"一带一路"中有所作为,需要做很多工作。

第一,可由政府出面,组织企业设立相应的公共外交专项基金,吸引民间组织申请项目。在项目评审过程中,出资方参与评估,并与成功立项的民间组织共同讨论、修改方案,使这些民间组织举办的活动能为双边商业合作做好民意铺垫工作,帮助企业提升形象,督促企业履行社会责任。同时,驻各国使领馆也应该重视民间组织在所在国家的交流活动,对于有能力、有意愿和有热情的民间组织也要给予扶持和帮助,同其建立畅通的联系。

第二,中国民间组织的活动方式和项目开展应该去官方化,对对象国的草根工作要深入细致、坚持不懈。不但如此,民间组织还应该发挥自身优势特色,以更灵活、更务实的方式开展公共外交,更多地同对象国的民众直接打交道。比如,针对对象国的小额援助和贷款,可以不由对方政府或代理机构转交的,就尽量不要让政府参与其中,民间组织可以直接将其发放到对方贷款人手中,以建立起直接的人际联系和交流。

第三,中国民间组织的国际活动应该有意识地推广中国文化,提升国家形象,增进国际友谊。从长远来看,为有效推动"一带一路"建设,民间组织应该加强同对象国各个领域的交流与合作。特别是要通过开办孔子学院,扩大汉语使用范围,增进对象国社会对中国文化的了解和兴趣,增强中国文化的吸引力,进而提高中国的国家总体形象和对"一带一路"沿线国家的影响力。

第四,国家应该大力培育"一带一路"公共外交的人才队伍。公共外交和民间外交的开展离不开一支精干、高效的人才队伍。目前,中国公共外交和民间外交人才相当匮乏。更为严重的是,我们至今还没有将公共外交人才的培养重视起来,也没有相应的培养机制和激励制度,更没有能力将有能力、肯干事的人吸引到这项工作中来。对此,国家相关部门切不可再继续忽视这一问题,而应该在资金、政策等方面给予其大力支持,多出、快出公共外交的高素质人才。

第五,应该鼓励各省发挥自身优势,推动地方民间组织积极开展国际活动。沿海、沿边地区在开展"一带一路"公共外交、民间外交方面具有独特优势。同邻近国家的区位关系以及特殊的文化、宗教和民族纽带,使得地方省份在这项工作中扮演着不可替代的角色。因此,应该鼓励这些地区大力发展本地的民间组织,引导和支持已经开展活动的民间组织,鼓励它们"走出去",加强同相关国家各层面的联系,开展服务于"一带一路"建设的公共外交和民间外交活动。

第六,应合理吸收借鉴其他国家开展公共外交的成熟做法和先进经验。西方国家的市民社会出现较早,开展国际活动的经验更为丰富,活动方式和机制也更为成熟。有些民间组织和 NGO 开展的各类活动非常新颖、扎实,参与的人数多,影响的范围广,取得了很好的社会效益,具有强大的影响力。在开展国际活动过程中,中国的民间组织可以而且应当吸收借鉴这些民间组织和 NGO 好的做法和经验,快速提升自身开展国际活动,参与公共外交、民间外交的能力。[24]

## 四大资金池

无论开展什么工作,都需要资金的支持。落实"一带一路"战略,也是如此。铺设铁路、建造公路、建设电站,乃至推广汉语、人文交流,都需要依靠运转良好的投融资机构和健康稳定的运行机制,以源源不断获取相应的资金输送和支持。《中国证券报》刊文指出,当前与"一带一路"密切关联的,或者说能为"一带一路"提供支持的四大"资金池"为丝路基金、亚洲基础设施投资银行、金砖国家开发银行和上海合作组织开发银行。

从模式来说,丝路基金更接近主权投资基金。与多边合作机构相比,它更具备效率优势,但面临着法律环境、税收政策等诸多问题。丝路基金前期将主要面向交通、电力、通信等基础设施,建设范围为国内相关地区,项目以铁路、公路、管道等基础设施的新建和扩建为主,待条件成熟后,再向"一带一路"沿线国家延伸,并逐步拓展到文化、旅游、贸易等领域。

就资金管理方式而言,亚洲基础设施投资银行是一个政府间的金融开发机构,要按照多边开发银行的模式和原则运营。顾名思义,亚洲基础设施投资银行的主要业务是援助亚太地区国家的基础设施建设。在全面投入运营后,亚洲基础设施投资银行将运用贷款、股权投资以及提供担保等一系列支持方式,为亚洲各国的基础设施项目提供融资支持,以振兴包括交通、能源、电信、农业和城市发展在内的各个行业投资。

从经济功能上来说,金砖国家开发银行相当于新兴国家的世界银行,将为发展中国家提供长期发展援助资金。其中,应急储备安排相当于国际货币基金组织,将为"金砖国家"应对金融突发事件,特别是汇率大幅波动提供短期稳定基金。金砖国家开发银行法定资本金1000亿美元,首批到位资金500亿美元,中国出资额达100亿美元。"金砖五国"将首先选定各自的基础设施项目,确保金砖国家开发银行一旦投入运作,便能快速在首批项目实施上取得成功。

上海合作组织开发银行目前正推进,其定位是为上合组织成员国间能源、交通和现代信息技术领域示范性项目提供资金,扩大本币结算合作,促进区域经贸往来。上海合作组织开发银行的先天不足在于,相较"金砖五国",上合组织成员国间差异更大,发展水平也参差不齐。但是,在经济一体化的共识下,各成员国有望克服困难,以上海合作组织开发银行为契机,在平等共赢的前提下,助推该区域经济发展。

上述四个资金池将为"一带一路"沿线国家和地区的基础设施建设、资源开发、产业合作等有关项目提供投融资支持,弥补亚洲发展中国家在基础设施建设等领域存在的巨大资金缺口。[25]

# 税务十项支持

为贯彻落实党中央、国务院关于"一带一路"发展战略的重大决策部署,国家税务总局从"谈签协定维权益、改善服务促发展、加强合作谋共赢"三个方面,制定出台了服务"一带一路"发展战略的十项税收措施:

第一,按照税务总局"便民办税春风行动"和纳税服务规范的要求,认真执行中国对外签署的税收协定及相关解释性文件,保证不同地区执法的一致性,减少涉税争议的发生,并配合税务总局做好非居民享受协定待遇审批改备案相关工作,为跨境纳税人提供良好的税收环境。

第二,加强涉税争议双边协商。落实《国家税务总局关于发布〈税收协定相互协商程序实施办法〉的公告》和《国家税务总局关于印发〈特别纳税调整实施办法(试行)〉的通知》的有关规定,及时了解中国与"一带一路"沿线其他国家"引进来"和"走出去"企业涉税诉求和税收争议,主动向企业宣传、解释税收协定相关条款,特别是相互协商程序的规定,及时受理企业提起的相互协商申请,并配合税务总局完成相关工作。

第三,建设国别税收信息中心。税务总局向全国各省税务机关推广国别信息中心试点工作。根据税务总局统一部署,省税务机关要做好前期调研、人员配备等启动准备,积极开展对口国家税收信息收集、分析和研究工作,尽快形成各省份国对接机制。

第四，建立"一带一路"税收服务网页。依托税务总局网站，于2015年6月底前建立"一带一路"税收服务网页，并从四季度开始，分国别发布"一带一路"沿线国家税收指南，介绍有关国家税收政策，提示对外投资税收风险，争取在2016年底前全部完成。"一带一路"税收服务网页也要发布中国有关税收政策解读、办税服务指南等，为"引进来"企业提供指导。

第五，深化对外投资税收宣传辅导。分期分批为中国"走出去"企业开展税收协定专题培训及问题解答，帮助企业利用税收协定保护自身权益，防范税收风险。根据不同国家税收政策和投资风险特点，为"走出去"企业开展对外投资税收政策专题宣讲。

第六，设立12366纳税服务热线专席。依托税务咨询12366平台，于2015年6月底前设置专岗，加强对专岗人员培训，解答"走出去"企业的政策咨询，回应服务诉求。

第七，发挥中介机构作用。合理引导注册会计师事务所、注册税务师事务所等中介机构"走出去"，提供重点投资国税收法律咨询等方面服务，努力为"走出去"企业提供稳定、及时、方便的专业服务。

第八，完善境外税收信息申报管理。做好企业境外涉税信息申报管理，督促企业按照《国家税务总局关于发布〈中华人民共和国企业所得税年度纳税申报表（A类，2014年版）〉的公告》和《国家税务总局关于居民企业报告境外投资和所得信息有关问题的公告》的规定履行相关涉税信息申报义务，为企业遵从提供指导和方便，并分类归集境外税收信息，建立境外税收信息专门档案。

第九,开展对外投资税收分析。依托现有征管数据,进一步拓展第三方数据,及时跟进本地区企业投资"一带一路"沿线国家情况,了解投资分布特点、经营和纳税情况。从 2015 年起,省税务机关要每年编写本地区"走出去"企业税收分析年度报告,并于次年 2 月底前上报税务总局。

第十,探索跨境税收风险管理。根据国际经济环境变化和对外投资特点研究涉税风险特征,探索设置风险监控指标,逐步建立分国家、分地区风险预警机制,提示"走出去"企业税收风险,积累出境交易税收风险管理办法和经验。[26]

## "一带一路"投资促进法

2014 年 9 月 6 日,商务部发布新版《境外投资管理办法》。这是中国在对外援助管理方面颁布的第一个综合性的部门规章,已自 2014 年 10 月 6 日起施行。根据该办法,中国政府将明确放宽中国企业境外投资审批。

该办法规定,按照企业境外投资的不同情形,商务部和省级商务主管部门分别实行备案和核准管理。企业境外投资涉及敏感国家和地区、敏感行业的,实行核准管理。企业其他情形的境外投资,实行备案管理。

该办法指出,实行核准管理的国家是指与中华人民共和国未建交的国家、受联合国制裁的国家。必要时,商务部可另行公布其他实行核准管理的国家和地区的名单。实行核准管理的行业是指涉及出口中华人民共和国限制出口的产品和技术的行业、影响一国(地区)以上利益的行业。

该办法要求,各级主管部门通过"境外投资管理系统"对企业境外投资进行管理,并向获得备案或核准的企业颁发《企业境外投资证书》。这是企业境外投资获得备案或核准的凭证,按照境外投资最终目的地颁发,由商务部和省级商务主管部门分别印制并盖章,实行统一编码管理。

同时,该办法规定,商务部和省级商务主管部门应当依法办理备案和核准,提高办事效率,提供优质服务。就商务部自身而言,将定期发布《对外投资合作国别(地区)指南》、国别产业指引等文件,帮助企业了解投资目的地投资环境;加强对企业境外投资的指导和规范,会同有关部门发布环境保护等指引,督促企业在境外合法合规经营;建立对外投资与合作信息服务系统,为企业开展境外投资提供数据统计、投资机会、投资障碍、风险预警等信息。

新修订的《境外投资管理办法》让绝大多数想参与"一带一路"的投资者、企业放宽了心。因为"一带一路"涉及的"敏感国家"非常少,除了伊朗等少数国家之外,基本上都不受联合国的制裁,所以对这些国家的投资,完全可以依照投资者与企业对市场的预判进行。就是那些"敏感国家",也并非一定不能涉足,而是需要商务部等部门帮投资者与企业预先进行风险判断,这其实是帮助个人与企业规避风险的行为。因此,我们可以说,新修订的《境外投资管理办法》在某种程度上也可以看作"一带一路"投资促进法,它的及时出台有助于"一带一路"战略的加速落实。具体来说:

第一,根据国家整体战略需要和受援国需要,加大对"一带一路"沿线和周边重点受援国的援助力度。新增援助资金主要向"一带一路"沿线国家和周边国家倾斜。

第二,围绕"一带一路"的战略规划,重点实施一批重大的战略项目,推进中国与周边国家的互联互通。互联互通既包括公路、铁路、港口等方面的互联互通,也包括能源、运输线路、电信、网络等基础设施的互联互通。

第三,在"一带一路"沿线和周边国家重点推进民生项目,援助重点是投向扶贫、减灾、职业教育、农业发展等能够使广大周边受援国民众直接受益的援助领域。

第四,加强与周边和"一带一路"国家的人力开发合作,提供高级学历学位教育、短期主题研修培训,"走出去"开展受益面广的实用技术培训,促进与这些国家的人文、教育、科技领域的交流研讨,扩大派遣援外的人员数量,增强援外人员的综合能力。[27]

## 海关八大举措

在2015年2月2日举办的"海关总署支持新疆开放型经济发展政策宣讲会"上,海关总署相关部门负责人披露,海关总署将多方面扶持"一带一路"建设。归纳起来,海关将重点做好以下工作:

第一,支持跨境电子商务、边境贸易、市场采购贸易等新型贸易方式发展。

第二,落实自由贸易区战略,积极参与和"一带一路"沿线国家建立自由贸易区的谈判。

第三,支持企业"走出去",探索提出海关出境加工货物管理模式,合理运用国际规则审查确定"走出去"企业回运物资的完税价格。

第四,在制定国家口岸发展五年规划和口岸开放年度审理计划时,优先考虑沿边地区口岸项目。

第五,创新口岸开放模式,在沿线科学布局,适当设立内陆铁路口岸。

第六,深化通关改革,将区域通关一体化改革推广至新亚欧大陆桥沿线海关。

第七,构建海关多式联运监管体系,落实"三互",推进大通关建设。

第八,构筑与"一带一路"沿线国家海关的合作网络。健全中欧班列沿线国家海关沟通协调机制,将原适用于"渝新欧"的沿线国家海关便捷通关备忘录的内容推广复制到所有中欧班列,推动与沿线国家海关的联合监管、数据交换、执法互助合作;大力推动多双边海关务实合作,突出关键大国、周边国家、重点节点国家这几个重点,推进海关双边国际合作;不断丰富和发展海关国际合作内容,创新海关国际合作机制。

实际上,对于作为"一带一路"前沿阵地和"桥头堡"的新疆地区,海关总署还制定了特殊优惠政策。2014年12月11日海关总署出台的《支持新疆开放型经济发展若干意见》共包括四大类25条,重点涉及支持新疆有关航空口岸、公路口岸、铁路口岸开放和建设,夯实新疆对外贸易发展基础,深化改革打造便利高效通关环境,强化保障推动政策落地生根等内容。同时,在海关内部,在财力、人力、装备、队伍建设、对口援疆以及各项保障方面向新疆倾斜,加大对乌鲁木齐海关的支持力度,提高监管服务的水平和能力,更好地服务地方和企业的发展。

海关总署的这些举措特别是对新疆的特殊政策十分重要。新疆塔城三宝民贸实业进出口公司物流通关部部长邱广军先生指出:"在国际贸易中,物流速度的快慢通常对于合同的履约影响很大,这其中口岸通关速度至关重要。海关从2012年的促进新疆外贸稳定增长36条,2013年的通关作业无纸化改革,到2014年7月的关检合作'三个一'试点,这些措施使通过乌鲁木齐关区各口岸过货的外贸企业、报关企业从中受益匪浅。"

为了更好回应、更有效利用海关总署的这些举措和优惠政策,乌鲁木齐海关党组书记、关长孙志杰认为,当前新疆最关键是把"五中心三基地一通道"的发展规划融入国家的整体规划中去,统筹国际国内两个市场、两种资源,利用对口援疆的优势,加快推进内地产业转移,积极发展电子通信、家电、日用消费品等产业,拓展出口市场。此外,还应支持新疆国际物流通道平台建设,支持新疆陆路口岸开展沿边"单一窗口"建设试点,全面推广关检合作"三个一",重点支持跨境电子商务、纺织服装加工贸易以及特色优势产业。㉓

第三篇

# 历史上的"一带一路"

# 第三篇
## 历史上的"一带一路"

诚如雨果所言:"历史是过去传到将来的回声,是将来对过去的反映。"要搞清楚"一带一路"现在如何做、将来发展到什么方向,我们也需要回头看看历史上"一带一路"的各种是是非非,从中洞察过去传到现在的声音,以便更好地推进"一带一路"建设,避免过去曾经犯过的各种错误。

## 草原丝绸之路

历史上的草原丝绸之路,指的是自中国中原地区向北越过长城入塞外,然后穿越蒙古高原、南俄草原、中西亚北部,西去欧洲的陆路商道。

草原通道的形成,与自然生态环境有着密切的关系。在整个欧亚大陆的地理环境中,要想沟通东西方交往是极其困难的。寒冷的北亚遍布苔原和亚寒带针叶林,难以适宜人类的生存,中亚又有崇山峻岭和广阔无垠的戈壁沙漠,筑成一道天然屏障,阻隔了东西方的通道。环境考古学资料表明,欧亚大陆只有在北纬40度至

50度之间的中纬度地区，才有利于人类的东西向交通。这个地区恰好是草原地带，该地带东起蒙古高原，向西经过南西伯利亚和中亚北部，进入黑海北岸的南俄草原，直达喀尔巴阡山脉。在这条狭长的草原地带上，除了局部有丘陵外，地势比较平坦，生态环境较为一致。中国北方草原地区正好位于欧亚草原地带，其生态环境与欧亚草原的其他地区基本相同。这条天然的草原通道，向西可以连接中亚和东欧，向东南可以通往中国的中原地区，在中国乃至世界古代东西方交通要道上都具有重要作用。

草原丝绸之路在沟通东西和南北经济、文化交流中所起的作用，比其他丝绸之路显得更加重要。北方草原是游牧民族生息的主要地区，因而游牧民族通常是北方草原的主人。然而，游牧民族的经济是不稳定的，遇到天灾人祸，就会形成大的波动，甚至会使其经济完全崩溃。因此，游牧民族在一定程度上依赖于中原地区的农耕经济，除了商品交换以外，历史上还出现了和亲、朝贡、战争等复杂的交往形式。当游牧民族与中原王朝和睦相处时，双方使者频繁来往，使中原地区的文化传入北方草原地区；而西方的商人也经过草原通道来到中国北方草原地区，加强了东西方之间的经济、文化交流。

草原丝绸之路的繁荣，与突厥和回纥两个游牧民族有着密切关系。突厥人于公元6世纪中叶建立了突厥汗国政权，其疆域最大时，东尽大漠，西至里海，南抵波斯、印度，许多草原和森林部落都处于它的控制范围之内，加强了当时各种文明间早已存在的联系。在突厥人统治北方草原地区之前，通往罗马的道路则需要从波斯境内通过，从事商业贸易需要经过波斯的中间环节，从而对突厥和罗马的直接利益造成损害。为了摆脱这种局面,突厥和罗马进行了多方努力,甚至引发了突厥与波斯关系的破裂,最终却促成了突厥与罗马之间直接贸易的开展,开辟了东西方交往的新通道。这条通道在波斯以北,穿越咸海与里海之间的荒漠地区。具体路线有两条:一条由锡尔河出发,通过咸海北岸;另一条沿阿姆河,通过咸海南岸。两条通道在乌拉尔河口附近会合,通向伏尔加河,再沿顿河和黑海北岸到君士坦丁堡,或者穿越高加索,到达黑海的港口。这条通道便是草原丝绸之路的西段。

随着唐朝对漠北草原的统一,草原丝绸之路得到进一步的发展。贞观年间(公元627—649年),唐朝军队连破突厥、铁勒汗国,漠北草原游牧部落在回纥的率领下归附唐朝。贞观二十一年(公元647年),唐朝在铁勒、回纥诸部设置六个都督府和七州,并给诸部首领玄金鱼符为符信。"于是回纥等请于回纥以南,突厥以北,置邮驿,总六十六所,以通北荒,号为参天可汗道,俾通贡焉。"回纥汗国的牙帐位于鄂尔浑河上游(今蒙古国哈喇和林西北),参天可汗道就是由唐朝关内道北部军事重镇丰州(治所在今内蒙古五原南)向北通往回纥牙帐的交通要道。这样,草原丝绸之路的东段又得到了开发,并为辽朝时期草原丝绸之路的全面繁盛奠定了基础。㉙

## ▎丝路行人

漫漫黄沙丝绸路。在古代,这荒凉的丝路上会有哪些人群呢?综合起来看,主要有三类人:第一类是和亲队伍;第二类是商人;第三类是各类宗教信徒。

中国历代王朝为了与其他国家或民族维持良好关系,通常采用两种方式:一是册封首领,授予其中国的官职,称为"册封体制"。二是和亲,将本朝公主嫁给当地首领为妻,两国用这种婚姻关系达成联盟。当然,只有对那些特别重要的国家,中国才会实行和亲政策。西汉时,中国与乌孙国和亲(公元前110年),因为乌孙是当时西域最强大的国家。龟兹王绛宾也想与汉朝和亲,但自知没有资格,所以就在乌孙王翁归靡与西汉公主解忧所生的女儿第史从长安返回乌孙途中经过龟兹的时候扣留了她,希望娶她为妻。绛宾向乌孙和汉朝派出使团进行游说。最后,乌孙王和解忧同意了这门婚事,西汉皇帝还特意封了第史为公主。后来,吐蕃王朝兴起,适逢唐朝与北方的突厥以及吐谷浑(青海的少数民族)和亲。吐蕃首领松赞干布认为自己的地位和实力比吐谷浑更强大,于是派使要求唐朝对其实行和亲政策。公元640年,唐太宗派出文成公主,这就是著名的"文成公主进藏"。

商人也是丝绸之路上的活跃群体,是丝绸之路交通的重要推动力量,对东西方文化沟通做出了重要贡献。长途贩运是古代商人获得利润的重要方法,他们在商业利益的驱动下冒险远行。在进行贸易的同时,他们也为东西方传递了不同的观念、文化和物产。在中国的历史文献记载中,中亚地区的民族都是经商的行家。甚至在北方的游牧民族背后,往往有中亚的商人集团在活动。汉唐时期(公元前2世纪—公元10世纪初),粟特人是中亚商人的代表,他们组成商队往返中国与中亚地区。他们信仰祆教,祆教领袖同时也是商队的首脑。他们不仅为中国和西方提供了新鲜的货物,也给中西方带来了特殊的文化。需要特别指出的是,一些远方国度的使者有时就是由商人担任的,在给中国皇帝进贡的同时,实际上也从事贸易活动。著名的使者马可·波罗就是商人家族出身。

在丝绸之路上,还有一个特殊群体,他们不为金钱和利益,只为福音和真理,不畏艰险地往来于东西方各地,这就是各种宗教的忠实信徒。其中,以佛教僧侣最多,既有鸠摩罗什等向中国传播佛教的西域高僧,也有法显、玄奘等前往印度学习佛教教义和经籍的中国高僧。此外,东来的还有摩尼教僧侣、景教僧人。西行的也有道教信徒,如长春真人丘处机。利益通常是人生的驱动力,但这些僧侣所求的只是心中的真理,日夜所思是如何帮助世人摆脱苦海。由于他们的努力,丝绸之路上的不同宗教文化得以交流,各地文化亦因外来的刺激、融合而有所变化和发展。[30]

## 茶马交易

茶马互市起源于唐宋,是中国西部历史上汉藏民族间一种传统的以茶易马或以马换茶为中心内容的贸易往来。据考证,茶马互市大约起源于公元5世纪的南北朝时期;唐朝时逐渐形成了规则;宋朝时进一步完善,甚至设置了"检举茶监司"这样的专门管理茶马交易的机构;明朝基本上沿袭了宋朝的做法,在交易的地方设置"茶马司"。

茶叶之所以重要,是因为它实际上起着战略物资的作用。在宋代,茶叶与战马息息相关。此时,中原王朝已经失去对北方草原和河套等养马地区的控制。也就是说,要想获得战马,只能与产马地区的民族进行交换。

在丝绸之路上运输的丝绸、棉布、茶叶和瓷器都是中原地区的特产,但并不是每样特产都能从草原地区交换到足够的战马。首先,对于逐水草而居的草原民族而言,瓷器的易碎性决定了这只是少数贵族的玩意儿。棉布和丝绸曾经是唐代后期交换马匹的主要产品,但它们并不是不可替代的,皮制品和羊毛制品足以替代使用。如果棉布和丝绸的价格过于昂贵,边疆民族可以减少交换数量,或者干脆停止进口。但是,茶叶具有不可替代性,且生产成本不高。从生产的角度看,出产茶叶的地方往往是丘陵地区,这些地方并不适合种植其他农作物。也就是说,中原地区要想扩大茶叶产量,根本不用挤占原有的粮食、棉花等作物的产能。更重要的是,茶叶是中原文明独有的作物,北方少数民族地区完全不适合茶叶的生长。

众所周知,北方的少数民族以食肉饮酪为主。因"以其腥肉之食,非茶不消,青稞之热,非茶不解","一日无茶则滞,三日无茶则病",茶与粮是同等必需品,有"宁可三日无粮,不可一日无茶","土蕃之命,托命于茶"之说。也就是说,北方少数民族对于茶叶的依赖性远远高于中原民族。中原王朝的统治者对茶叶具有完全的定价权。于是,茶叶变成了像今天的石油一样的政治性商品和战略物资,也成为中原王朝用来化解冲突或控制北方游牧民族的"武器"。

茶马交易的制度一直沿用到了明朝。明初,朱元璋继续推行

"以茶制戎"的政策,当时的茶马贸易价格是"马一匹,茶千八百斤"。然而,到了明代中叶,马价已经压低至"上马八十斤,中马六十斤,下马四十斤"。边境部落对此自然非常不满。在辽东、宣府、甘州等地,屡屡出现因为茶叶贸易而起的争端。为了阻止私商,明政府采用关闭茶马互市的方式,惩罚购买私茶的边境部落。这引发了类似清河城战役这样的茶叶战争频繁发生。

"假市易以羁縻控驭,为制番上策",这句话概括了中原朝廷推进茶马战略的本质意图。当然,茶马互市也是古代中原地区与北方少数民族地区商业贸易的主要形式,是朝廷在游牧民族中尚不具备征税条件的地区实行的一种财政措施。通过茶马贸易,不仅满足了封建王朝对战马的需要,又为朝廷提供了一笔巨额的茶利收入以解决军费之需。[31]

## 丝路后勤

丝绸之路上,万里黄沙,真走在上面可不是多么浪漫的事情。据新疆师范大学地理系钱云教授介绍,古代的丝绸之路沿着亚欧大陆中部的干旱地带,从东向西延伸,从河西走廊经过准噶尔、塔里木、吐鲁番—哈密三大盆地,攀越帕米尔高原(葱岭)、天山山地,抵达中亚的锡尔河和阿姆河两河流域,直到西南亚的伊朗高原、美索不达米亚平原和小亚细亚半岛。丝绸之路自东向西,沿着腾格里沙漠、巴丹吉林沙漠等 12 个大沙漠、荒漠的边缘或中间。在古丝绸之路上行走,在某种程度上就是在挑战人类生存极限,需要战胜干旱缺水、高温炎热、狂风暴沙、冰雪严寒的恶劣气候和赤地千里、荒无人烟的自然环境。

  在古丝绸之路上,被沙漠、戈壁包围的一片片绿洲,往往就是一个个城邦,一座座城堡则是城邦的中心。城内居住着国君、贵族、官吏、地主、商人,他们占有大量土地和水源,垄断着丝路贸易,城内还居住着为他们服务的卫兵、奴仆、工匠等百姓。城内有国库、粮仓、商铺、店行和生产生活必需品的手工作坊。城有内外之分,外城往往有许多客栈,供商队东来西去时食宿。绿洲城堡是当地的政治、商业、文化和宗教中心,还发挥着丝绸古道上物资供应的功能,也是实施驿传制度的基地,"负水担粮"以支撑驼队马帮在缺水少粮的沙漠地带长年累月地跋涉前进。

  汉朝击败匈奴后,为了确保这条漫长的东西方交流的商道通畅,特别设置了"西域都护府",以保障丝绸之路商队的物资、水源的供应以及人员安全。唐朝击败突厥后,又设置了"安西都护府"和"北庭都护府"。除了军政管理机构,汉唐两朝还在沿途的绿洲设驿站、驻军队、办屯垦。在新疆尼雅等古绿洲的考古中,发现了七百多枚佉卢文书的木质简牍。由此可知,当年西域的鄯善国(今新疆若羌、且末一带)已建立起完善的驿传制度。自鄯善到且末、舍凯、尼雅,这些机构承担传送、向导、护卫工作。使者和商队的粮食和饮用水都由沿途绿洲供给。由于接应汉使的工作很艰辛,前站的绿洲还需要给向导、护卫送谷物、小麦粉、紫苜蓿作为酬谢。有时,向导和护卫还可得到双重报酬。沿途绿洲不但要给来往旅客提供食物,而且还要补充粮草、饮用水、人员、骆驼和马匹,以确保旅客能穿越宽广的沙漠戈壁,支撑到前面一站的绿洲。这就是

《汉书·西域传》上所说的"负水担粮,迎送汉使"。据史书记载,使团、商队由保镖或友邦军队护送。在使节、将领的统率下,保镖、士兵、马夫、向导、后勤分工明确,沿途均有提供食宿和饮用水、换骆驼、换马匹的安排,晓行夜宿,一路奔忙。㉒

## 西域屯田

西汉自神爵二年(公元前60年)建置西域都护府后,新疆正式进入中国版图,并建立起屯垦制度。屯垦制度有效地保证了军队的供给,有力地打击了匈奴,维护了国家的统一,也为丝绸之路上的商队、使团提供了食宿保证。

汉武帝为抗击匈奴,加固边防,凿通丝路,安排大量移民固边。元狩四年(公元前119年),汉武帝曾一次移民七十余万。在东起朔方、西至令居(今甘肃永登)的广阔地带,设立田官,发给移民牛犁、谷种,将牧场变为农田。河西四郡到西汉后期已有人口达二十多万。范文澜在《中国通史简编》中记述:"汉在西域设田官,督戍卒屯田,推行地下穿井的井渠法,使沙漠地区得到灌溉。据《水经注》记载,敦煌人索劢率兵士千余人,至伊循(楼兰)屯田。掘渠分水,灌溉绿洲,使瘠土变沃壤,不过三年,积粟百万石。"

为确保丝绸之路的驿传制度有效实施,西汉在修建塞堡的同时,在丝绸之路经过的绿洲实行屯田,军队在平时种地以养活自己。这是带有军事性质的农业生产。据《大宛列传·李广利传》记述:"益发戍甲卒十八万,酒泉、张掖北,置居延、休屠(今民勤),以卫酒泉。""自敦煌至西河郡恰为十一农都尉。张掖郡之居延屯田区,除农都尉外,还设肩水农都尉。"张掖还置"日勒田官"。当时,每个郡都设置了三个管理农业的官员,说明屯田规模之大。

钱云教授研究发现,西汉时的屯垦主要在天山以南,共有10处地方,其中南麓即丝绸之路北道的中线和南线,包括轮台、渠犁、车师、焉耆、北胥鞬、姑墨和赤谷等地理位置显要、自然条件较优越的绿洲。其中,车师(吐鲁番的交河)是汉王朝和匈奴反复争夺的军事要地。屯田对护路保边的作用格外突出。东汉时,有屯垦军5000人,开垦农田10万亩。这些屯垦军集中在东疆地区,扩展了伊吾(哈密)、高昌(吐鲁番)和楼兰等重要绿洲。

唐朝疆土空前统一,西域驻军平时4万多人,战时10万人以上。这支庞大的队伍生存、训练、作战均需要极其巨量的军粮,仅仅靠马车、牛车从中原运输,根本无法保障军需。在这种情况下,屯垦的规模、深度、强度进一步加大。唐太宗甚至调整了中央六部的部分职能,以推进西域屯垦事业。他改革了工部,将屯垦职能划归其统一管理。唐朝确定每屯5000亩左右,屯田士兵500人上下。生产工具由政府供给,生产粮食等产品,除自用外,剩余上缴国家。西域军屯人员主要由唐朝正规军队,以及一些内地发配到边疆的犯人、当地人民和长期戍守的职业士兵及随军家属组成。军屯人员主要集中在庭州(吉木萨尔)、伊吾、西州(吐鲁番)、轮台(乌鲁木齐北郊)、清海(石河子附近)和碎叶(吉尔吉斯斯坦的托克马克)等地区。天山以南的焉耆、乌垒(轮台)、疏勒(喀什)和于阗(和田)等绿洲,也都是丝绸之路的重镇要地。㉝

## 羁縻制

在历史上,当历代封建王朝的统治势力先后发展至边疆各少数民族地区时,首先有一个不得不面对的事实,就是各少数民族内部的政治、经济、文化的发展与汉族地区差距太大。一般来说,这些民族除了生产力落后、管理方式陈旧之外,还有大量的本民族特有的习性和发展方式。鉴于这些差别,中央政府无法简单地套用汉族地区的管理方式进行统治。于是,采取什么政策对这些少数民族地区进行管理的问题便产生了。随着各个王朝在少数民族地区统治势力的逐步深入,解决少数民族地区统治的政策措施也愈来愈趋于完备,这就是少数民族地区的羁縻制的由来。

实际上,在羁縻制产生和发展的整个历史过程中,最基本的实质并未发生变化,只是在不同时期,某些现象或具体措施的形式有所不同而已。例如汉代对所利用的土著贵族封以"王""侯""邑长",这一办法称为"羁縻"。唐初,邕管的左、右江和红水河流域,由于经济文化各方面都比较落后,唐王朝采取与桂东地区不同的方法进行统治,设有羁縻州44个、羁縻县5个、羁縻峒11个。这些州、县、峒在政治上利用少数民族中旧有的贵族进行统治,经济上让原来的生产方式维持下去,满足于征收贡纳,这是"羁縻制度"的实质。唐对西南少数民族采用的羁縻政策,实际上是宋、元、明、清几个王朝土官制度之窠臼,因此"土官制度"也可称为"羁縻制度"。

当然,少数民族地区并不是完全实行羁縻制。实际上,古代西域实行的是郡县制与羁縻制并存的行政管理双轨制。在维护国家统一的前提下,西域都护府之类的中央政府的地方派出机构"抚慰诸藩,辑宁外寇",凡对部族之"抚慰、征讨、叙功、罚过事宜"都由其执行。塔里木大学西域文化研究院廖肇羽教授认为,这种制度基本保持了少数民族裔原有的社会组织形式,承认其首领在本族群和本地区中的政治地位,并封授为羁縻府州的各级官吏,他们的级别遵从本民族内的地位顺序。双轨制从形成到完善,经历了漫长的历史过程。一方面,中央王朝持续西进,不惜一切代价拓展战略纵深,满怀在西域匡扶正义的使命感,每次成功的行动都将引发新的需求。另一方面,首领职位可以世袭,却不得自立为王侯,可保留兵卒守疆卫士,又要服从朝廷调遣。这样,既照顾了边疆地区的特殊性,又保证了在国家统一条件下的军令、政令统一。两千多年来,尽管西域各族群的地方政权与中央政权存在着若干内部矛盾,但正是由于历代王朝对西域实行的双轨制的作用,才形成了大杂居、小聚居模式下的中华民族整合,最终沿着统一轨道持续稳定向前发展。㉞

## 过所制度

在古代丝绸之路上,有一项确保客商合法经营的"过所制度"。实际上,所谓"过所",也就是现在所讲的"通行证"。汉唐时期,凡到各地进行贸易或其他活动的商人等,都要持"过所",否则便是非法通行,要受到缉拿。因此,"过所"对国内人员来说,大致相当于

# 第三篇
## 历史上的"一带一路"

身份证加通行证;对外国人来说,则相当于护照。汉唐时期的丝绸之路上,实行着严格的过所制度,它是丝绸之路管理的核心。

"过所"在汉代又叫"传"。《周礼·郑玄注》说:"传,如今移过所文书。"东汉刘熙所撰辞书《释名》是这样解释的:"过所,至关津以示之也。"也就是说,过所是通过关隘、渡口时需要出示的文件。汉朝以来,过所制度一直被严格执行。

到了唐代,过所制度已十分完备,今吐鲁番一带就出土过大量的过所文书原件。根据《唐六典》的记载,在中央,过所由尚书省颁发,尚书省中具体主管过所事务的是刑部司门郎中和员外郎。在地方,过所则由都督府或州发给,由户曹参军主管,谘议参军协管。过所申请人在申请过所时,要呈交申请文书,说明各种申请事由,诸如申请理由、人数身份以及所携带物品的数量和品色等,必要时还要附交有关证件。这些证明有时要附在过所正文后,以便过关、过城时验看。负责审查的官员要一一核实,有关审批人员都要签名。

正式过所一般是一式二份,一份正本,由官方加盖官印发给申请人;另一分是副本,它与正本相同,也要经过主管官员与协管官员签名,作为刑部司门司或州户曹档案。申请人领到过所后,须妥善保管,万一丢失,就要被拘押扣留,查清身份后再酌情处理。无过所者将被视为"私度",被查获就要治罪。过所记载的物品品数与实际携带数不符的,也要处罚。过所制度的严格可以从唐玄奘西渡求经中窥见一斑。程喜霖在《唐代过所研究》一书中指出:"在唐太宗执政早期办个去印度的签证是非常难,唐玄奘等了三年都批不下来,最后他决定孤身一人偷渡出国。"《西游记》的作者吴承恩将玄奘偷渡出国这个细节改成是由唐太宗派遣他去印度取经的,而他出发时身上所带的三样重要物品中就包括通关文牒(其他两样分别是锦斓袈裟和九环锡杖)。在后面的故事中,我们不难看出,通关文牒的实际作用就和今天的签证是一样的。在女儿国的时候,国王不给唐僧倒换通关文牒,唐僧便不能离开女儿国。

由此可见,所谓的古代中国没有国家概念、没有国界的观点是根本不成立的。古代的国界或许不如今天这么具体,但绝不是没有。㉟

## 丝路安全

秦始皇招人恨的理由有千千万万,其中很重要的一条是强征民夫修建长城。正因为秦始皇的"恶名"传得比较久远,后世人们常常有两个印象:其一,长城是秦朝开始修建的;其二,长城是个害人的东西。其实,这两点都不太对。首先,长城自西周就已经开始修造,每朝每代都坚持在原有基础上继续修建长城。其次,修建长城并不仅仅是个祸害,它除了防御匈奴和漠北游牧民族的入侵之外,还担负着保护丝绸之路安全的重任。

从史料来看,汉朝在秦始皇修建的长城基础上作了大规模整修、延展,形成了从当时西域的罗布泊一直延伸到鸭绿江的总长两万多里的长城。经过河西走廊到罗布泊的长城之西段沿线,与丝绸之路在中国境内的重要线路正相吻合。

这些保护丝绸之路安全的长城,"自敦煌郡起接连秦长城共一万一千五百余里。新筑长城高约一丈,宽三尺多"。从钱云教授的研究来看,在冷兵器时代,长城是坚固、可靠的军事设施。在长城上,每隔五里、十里,筑有烽火台,设戍卒瞭望。遇有敌情,即将积薪苇炬点燃报警。白天还可以用一种叫"逢表"的报警设施,用红布和白布缝成帆状物,在敌人入侵时,悬挂在亭障的高竿上,按入侵者的多少、远近而增减数量。逢表利用辘轳能升到三、五丈的高杆上,远在三十里外都能看到。此外,长城上还筑有许多叫"障"的小城堡,有烽火设备,驻有较多戍卒。

唐朝为了在西域保境安民,保障东西方交流畅通,在丝绸之路南北两道上设立了北庭、安西两大都护府。这也是唐朝在西域的最高行政中心和军事指挥中心,其下设军、守捉、城镇等军事机构。北道的北线从庭州到碎叶之间,驻有瀚海军、伊吾军、清海军、静塞军,其中瀚海军有兵力 12000 人,马 2400 匹。北线沿途设独山守捉(木垒县)、俱六城守捉(乌鲁木齐北郊)、张堡守捉(昌吉)、乌宰守捉(玛纳斯)、叶河守捉(沙湾)、黑水守捉(乌苏)、西林守捉(精河)。南线上则先后在高昌和龟兹(库车)设安西都护府,沿途设罗护守捉(位于哈密、鄯善之间)、赤亭守捉(鄯善)、张三守捉(焉耆)。在塔里木盆地南缘的南道上,设兰城守捉、坎城守捉、葱岭守捉(塔什库尔干)。在塔里木盆地西部不设守捉的地方,则另设立了一些驿馆。除十多个守捉外,还有俱六镇、凭落镇、神仙镇、沙钵镇等八个镇。此外,还有碎叶、疏勒、龟兹、于阗四大军事镇。唐诗对于唐代保卫丝绸之路的故事多有反映,比如:"长安一片月,万户捣衣声。秋风吹不尽,总是玉关情。何日平胡虏,良人罢远征。""东望故园路漫漫,双袖龙钟泪不干。马上相逢无纸笔,凭君传语报平安。"它们真切、生动地反映了中原百姓心系边关将士的情感,也显示了戍守西域终老而不能东归的战士在丝绸古道上和长安来的使者相逢时深切感人的情景。

明朝也非常重视丝绸之路的安全,派重兵驻守,北防蒙古,南拒吐蕃。明朝在嘉峪关内的河西设永昌卫(永昌县)、山丹卫(山丹县)、甘州卫(张掖)、高台所、肃州卫(酒泉);在嘉峪关外的玉门关、阳关设赤斤卫,在安西东设沙州卫,在敦煌设罕东卫。明朝还在新疆境内特设军政合一的哈密卫,这是"关西七卫"中最西的一个卫。以普通一卫5600人为标准测算,当时明朝在丝绸之路上至少常驻39200人,这是一支不小的队伍,有效地震慑了对丝绸之路虎视眈眈的各路豪强。[36]

## 商品接力赛

即便历朝历代都对丝绸之路进行了安全保护,但一个不容忽视的事实是:从中国到希腊、罗马甚至埃及,千里迢迢,且沿途大多数地区荒无人烟。因此,丝路上的商品安全、商人安全绝对是个值得深入研究的问题。然而,长久以来,关于丝绸之路的商品贩运模式问题,直到今天好像也没人能说得很清楚。人们不禁要问:这些贸易究竟是怎样进行的? 如果这是一种高危行为,又如何得以延续这么长的岁月?

经过多年悉心研究,同济大学文化批评研究所朱大可教授发现,古代中国人把丝绸贩卖出去,又把中亚和西亚的玉石、青金石、黑曜石以及各种珠宝输入本土,形成了"丝"和"玉"的远程对流,由此铺就了漫长的"玉石之路"。在殷商和周,玉器是国王与众神交流的重要媒介,维系着政教合一的体制。正是这种需求,推动了丝与玉的国家间跨界贸易。当时,中亚草原上到处是职业盗匪集团,为了防止掠抢,玉商把玉块和珠宝缝在腋下的肉里进行"走私"。然而,还是有大批商人不得不面对破财保命的艰难选择。"丝玉之路"不是康庄大道,而是用无数生命铺设的悲剧性道路。

为了避免被劫财取命,各国商人发挥聪明才智,创造了一种可称为"商品接力赛"的运输模式。也就是说,在古代整条丝绸之路上,中国人通常只能把货物运送到新疆东部一带,而更遥远的地方,包括帕米尔高原在内,则需要吐火罗人(以后变成突厥人)来接力,由他们把货物转卖给印度人和波斯人,后者又将货物贩给斯基泰人(以后变为阿拉伯人),最终到达希腊人、罗马人或埃及人手里。在古代丝绸之路上,商品交易都以这种接力赛的方式完成,没有哪个或者哪批商人能够从起点一直走到终点去售卖自己的货物。

这条丝绸贸易之路实际上被分割成多条有限的短线。每条短线都有专门的商人群体负责。这种接力赛策略延长了贸易周期,提升了贸易成本,引发了贸易终端的大规模涨价。例如,一件中国丝绸做的长袍的价格会在罗马帝国上涨数百倍,在古罗马囤积一件丝绸袍服,要比储藏一罐黄金还要赚钱。但是,这种模式拥有一个无法比拟的优势:每一路段的贩运者都是其地盘上的枭雄,他们通常会组成势力强大的帮派,有效打通守卫关隘的官员,制止强盗的致命袭击,防止地方疾病对贩夫和牲畜的侵扰,保证了货品安全。这种"接力"赛实际上变相地成了分段保证安全的大宗交易模式,是一种可靠的商业贸易形式,这也算是当时"市场决定"的结果。㉚

## 中印丝绸之路

在古代丝绸之路上,印度占据着突出地位。云南省社会科学院南亚研究所研究员杨思灵指出,按走向,中印之间的古代丝绸之路大致可以分为北方丝绸之路、西南丝绸之路、海上丝绸之路,每个方向上都有不止一条路可以通行。

第一个方向是北方丝绸之路。这条路线主要从中国新疆出境,经中亚、西亚到达南亚和欧洲。公元前 140 年,也就是汉武帝元年,张骞奉命出使西域。尽管张骞联系大夏国夹击匈奴的使命并没有完成,但他却开启了北方丝绸之路文化与贸易交流的纪元。公元 65 年,来自印度的佛教传教士竺法护和迦叶摩腾携一白马到达中国,建立了世人皆知的白马寺,开启了中印宗教文化交流的巅峰时代。中印之间的北方丝绸之路有两条路径:一条从长安出发,出玉门关,经塔里木沙漠的北部和南部,再至喀什葛尔、塔什库尔干,下行至吉尔吉特和亚新山谷,到达印度河上游。另一条则从喀什葛尔平原,越过帕米尔高原,跨吐火罗邦国,至大夏,穿越兴都库什山脉,到达巴米扬,再经过醯罗城和贾拉拉巴德,沿着喀布尔河谷,到达印度西北部地区。在北方丝绸之路上,形成了若干非常重要的文化区域和重镇,比如"中印国"、敦煌、和阗、巴米扬等。

第三篇
历史上的"一带一路"

第二个方向是西南丝绸之路,又称"古代南方丝绸之路"。从张骞出使西域的情况来看,早在公元前2世纪,印度商人就从印度北部甚至大夏运来了中国西南部的货物。公元1世纪,中国商人取道印度东部,直达恒河,进行海上出口。在此前后,印度佛教僧侣取道阿萨姆及缅甸,到达中国。西南方向的丝绸之路也有两条路可以到达:一条从四川出发,途经云南,穿过缅甸北部,到达印度阿萨姆,再到中亚地区。另一条则从中国西藏出境,经过尼泊尔,到达印度,通往中亚,这就是人尽皆知的"茶马古道"。茶马古道的出现,主要源于公元627年,一个叫玄超的香客从这条道路到达印度。他出中国国境后,经过吐火罗,继而到达印度旁遮普省的加兰陀罗。公元10世纪末,另一中国香客吉野再次走了这条道路。

第三个方向是海上丝绸之路。海上丝绸之路是古代中国与外国交通贸易和文化交往的海上通道。随着航海技术的不断发展,海上通道的优越性日渐突出,尤其是海上不受地形所限,容易到达,这大大地加速了中印之间海上丝绸之路的形成。印度在海上丝绸之路上的文化传播影响至深至远,当前遍布泰国、印度尼西亚、柬埔寨、越南、老挝、缅甸等国的各类佛教圣地,就是海上丝绸之路的一个见证。中印之间也正是通过海上丝绸之路实现了频繁的贸易往来与文化交往。公元7世纪后半叶,随着北方丝绸之路被战乱阻断,海上丝绸之路成为中印交往的唯一路线。

从这三个方向共五条主要道路来看,无论古时唐僧走哪条道路,他都还有其他的选择。当然,这只是纯粹考虑道路是否存在的思维。如果再加上道路是否好走,道路上是否有强横士兵、劫道强

盗、拦路响马、妖魔鬼怪的阻拦,则唐僧能够选择的最优化的道路,大概也只有他走的那一条。㊳

## 海路起点

秦朝的徐福东渡出海虽然是为了寻求长生不老的药方,且其下落无从查考,但这至少可以证明,中国其实很早就开始了探究如何通过海路走得更远,如何通过海路获得大量陆路上没有的东西。

按照《汉书·地理志》的说法,公元前 111 年至公元前 87 年,汉武帝曾派遣专属于"黄门"近侍的"译者",招聘"应募者",组成官方船队,带着"黄金杂缯",从广东的徐闻、合浦三汊港和日南(在今越中部)出海,沿着中南半岛,到泰国、马来西亚、缅甸,抵"黄支国",最后抵达"已程不国"(今斯里兰卡),全程 5000 海里。

自汉武帝时代起,海上丝绸之路就逐渐成形。在海上丝绸之路上,广州可算是最重要的历史起航点了,但并非唯一的起航点。在东南沿海以及靠近海域的地区,至少还有六个海上丝绸之路的起航点,它们分别是明州(今宁波)、福州、漳州、泉州、北河、合浦。明州兼得江河湖海之利,贯穿南北的大运河使它获得了广阔的内陆腹地,"南则闽广,东则倭人,北则高句丽,商舶往来,物货丰衍",成为上海未开埠前中国东亚海上丝路的起始港。

福州地处闽江下游,扼海峡而成为海上丝绸之路的必经之地,在明清两代都被确定为内陆与琉球商品往来的最近港口和唯一合法口岸。公元 14 世纪,郑和下西洋,海上丝绸之路的南海航线贸易扩展达到顶峰,福州是其重要驻泊地。清康熙帝在 1684 年设立的第一个海关是福州的"闽海关",至今那里还有关于海上丝绸之路的遗迹,如闽安歧东古渡、淮安窑古渡、淮安接官道等。通过福州,中国文化继续辐射到日本与东南亚。历史上,漳州也是国际大港,从漳州月港出发的商船东达日本,南通菲律宾、马六甲,与欧洲人开辟的马尼拉盖伦贸易航线连接,构成了当时比较完整的环球航路。

近几十年来,欧洲和东南亚各地发现了大量古代漳州窑出口的陶瓷产品,这证明了由漳州出发的海上丝绸之路曾经非常兴盛。历史上著名的世界第一大港刺桐港即泉州港是联合国教科文组织认定的海上丝绸之路的起点,在宋元时期与埃及亚历山大港齐名。刺桐港有当时世界上最先进的造船与航海技术,是全方位的国际贸易港口,北连朝鲜半岛、日本,南通菲律宾、印度尼西亚,西抵印度洋、非洲东岸。在马可·波罗的眼里,刺桐港的"货物堆积如山","商店数目比世界上任何城市的商店都多","可以找到来自世界最遥远地方的商品"。北海与合浦则从汉代开始就是国家指定的官方贸易港口,它们也是海上丝绸之路的"资深"起航点。[39]

## 郑和精神

讲"一带一路",就不可能绕过郑和航海和"郑和精神"。总体来看,在一个"片板不许下海"的封闭时代,在一个保守、自我陶醉的"天朝上国"环境里,能出现郑和这样一位以开放、国际贸易为导向的人物,能出现这种坚持国际交流不放松的精神,是非常值得我们在推进"一带一路"战略的过程中学习的。武汉理工大学席龙飞教授将"郑和精神"概括为以下五个方面:

第一,开放交流。在郑和下西洋以前,中国与其他国家的交往采用的都是"坐等客人至"的朝贡模式。郑和却反其道而行之,运货到外国去卖。他发展了海外贸易,加深了与沿途国家的友谊。开放交流是郑和下西洋的核心,这种精神正是我们推进"一带一路"战略所必需的,也是应该予以继承和发扬的。

第二,勇于开拓。郑和作为世界航海先驱,把中国的造船、航海技术水平提高到当时以及其后近百年所谓的"大航海时代"也无可比拟的高度。郑和所统率的宝船队功能完备,组织严密,队形合理,所行驶的航线也不断扩大。《郑和航海图》反映了郑和高度的航海技术成就。这些都体现了郑和勇于开拓的精神。当前,在"一带一路"战略落实过程中,我们必须实现从世界航海大国向世界航海强国的转变,郑和勇于开拓的精神更加鼓舞我们去完成这项伟大事业。

第三,和平宽容。郑和下西洋确有"扬国威、示富强"的使命,但他作为外交代表,不仅尊重各国风俗,更尊重各国人民的宗教感情。一个典型的例子就是,郑和在第二次航程中,在锡兰加异勒寺院立了布施碑。这块碑于 1911 年被发现,现存于斯里兰卡科伦坡博物馆,北京国家博物馆有其拓片。这块碑用汉、泰米尔和波斯三种文字镌刻。汉语的碑文记载了郑和等为祈保航海平安,向神佛进献供品的情况;泰米尔语的碑文记述了对南印度泰米尔人信奉的婆罗门教保护神毗瑟奴的进献;波斯语的碑文则表达了对伊斯兰教信奉的真主给予敬仰之情。在一块碑上以三种宗教为对象的碑文,反映了郑和对各主权国人民的尊重和他本人的宗教宽容性。这同时也反映出,郑和一行希望他们所从事的经济、文化交流活动不至于受到宗教对立的影响。所以,这块石碑可以说是郑和和平宽容精神的集中体现和反映。

第四,精益求精。《郑和航海图》原名《自宝船厂开船从龙江关出水直抵外国诸番图》,载于明代茅元仪所辑的《武备志》第二百四十卷中。该图不仅是中国最早的海图,而且比荷兰人瓦格涅尔编绘并于1584年出版的号称"世界第一部航海图集"的《航海明镜》也要早一百多年。就海图所绘的海域范围来说,前者比后者也要广阔得多。《郑和航海图》采取山水画的形式,有山画山,遇岛画岛,浅滩、浅礁皆都明确标注;图上列有地名五百多个,国外地名占了其中的60%多。这反映了郑和下西洋以后,中国人对南洋、印度洋以及东非一带的认识有较大发展。图中所绘百余条航线用"针路"标注方位,用"更"标注里程,用"指"表示星体的高度,可以用过洋牵星术这种天文导航的方法测定船位及导航。《郑和航海图》是郑和所统率的众多海员的集体创作,是对郑和航海的丰富实践经验的总结,既深蕴着郑和的开拓精神,更能体现郑和在航海技术上精益求精的精神。

第五,敬业献身。郑和作为明成祖的宠臣,官封内宫监太监,下西洋时官封钦差总兵。在第七次出洋的宣德六年(1431年),他已年届花甲。郑和并不因功高而停止拼搏,也不因受宠而去享荣华富贵或颐养天年。他以花甲之年执着地执行皇帝交给自己的开放与交流的任务,在第七次下西洋的归国途中逝于古里(今印度卡利卡特）。郑和七下西洋,往返于中国和亚非三十余国之间,长达28年,将自己的生命奉献给了中国的航海事业,这种敬业精神也是我们推进"一带一路"战略必须学习与坚持的。[40]

## 陆落海兴

开始时,陆上丝绸之路的兴盛主要依赖于汉朝的苦心经营和竭力维护。汉朝国力强大,海内一统,一直想通过"震慑殊俗""震慑胡夷"的方式宣示国威。因此,汉朝对丝绸之路的经营不仅仅局限于贸易,还经常派遣行政人员、军事人员巡行,保证商贸安全。海上丝绸之路也兴起于汉朝,汉朝凭借强大的国力,不仅打通了去往日本、朝鲜半岛的海路,还打通了去往印度及东南亚的海路。

在汉朝之后,丝绸之路主要仰仗唐王朝的强力护持。唐朝已经牢牢控制住了陆上丝绸之路的"咽喉"。但是,因为唐朝的兴盛正好赶上西方东罗马帝国的衰亡,西方并没有类似大唐一样的强国可以与之交流,这导致了陆上丝绸之路一定程度的闲置。尽管如此,陆上丝绸之路还是扮演了中国与印度、中亚与欧洲文化交流、商贸往来的主要角色。到了宋朝,陆上丝绸之路日渐凋敝。宋朝的经济实力虽然强大,但是版图大不如前,对西域也缺乏像前朝那样的控制力。在北宋于1127年覆灭之后,陆上丝绸之路基本中断。

在唐朝,航海术和造船业的发展也促成了海上丝绸之路的继续兴起,局部取代了原有的丝绸之路。唐朝后期、北宋时,在长江沿岸及东南沿海一带,一批新城市兴起,又进一步促进了海上丝绸之路的迅速发展。这条海上航路由广州起航,途经海南岛、环王国(今越南境内)、门毒国、古笪国、龙牙门、罗越国、室利佛逝、诃陵国、固罗国、哥谷罗国、胜邓国、婆露国、狮子国、南天竺、婆罗门国、新度河、提罗卢和国、乌拉国、大食国、末罗国、三兰国等。大量的商人、移民、学者、学生经海上丝绸之路往返于唐宋与其他国家。

在南宋时期,陆上丝绸之路基本上已经废弃。从国家版图来看,南宋与金朝跨江而治。也就是说,南宋需经过金朝境内才能抵达陆上丝绸之路。当时,南宋已经完全丧失了对陆上丝绸之路的控制权,使用它不仅政治风险巨大,而且经济上也极不划算,之后基本上再也没有使用过了。至于金庸小说中描写的"江南七怪"赴塞外把郭靖拉扯成人的故事,虽然描写的是陆上丝绸之路的事情,但纯属虚构。

与陆上丝绸之路的日渐凋敝形成鲜明对比的是,南宋时,海上丝绸之路极其发达。当时便利的水域大大促进了海上丝绸之路高速发展。南宋政府非常注意培植港口,先后在广州、临安府(今杭州)、庆元府(明州,今宁波)、泉州、密州板桥镇(今胶州营海镇)、嘉兴府华亭县(今上海松江)、镇江府、平江府(今苏州)、温州、江阴、嘉兴府澉浦镇(今海盐)和嘉兴府上海镇(今上海市区)等地设立市舶司,专门管理海外贸易。泉州在南宋后期甚至一跃成为世界第一大港和海上丝绸之路的起点。在宋朝元符年间(公元1098—1100年),中国的海船已经开始用罗盘针导航。到了南宋中期,海船使用罗盘针导航已十分普遍。当时掌管船只航行方向的舟师都备有秘密的海道针经,详细列出从广州或泉州往返西洋各地的针路,这是海上丝绸之路技术领先的有力证据。[41]

## 市舶司

自党的十八大之后,十八届三中全会、四中全会都强调,要在进一步的改革中使市场起到"决定性作用"。这既体现了中国推进社会主义市场经济的决心,也体现了党对社会发展规律的准确把握与应用。要搞好"一带一路"建设,就必须尊重市场选择,让市场起决定性作用。实际上,古代的丝绸之路贸易也是由市场起决定性作用的,当时的市场叫作"市舶"。古代的市舶贸易就是当时的"市场经济",中外商人通过它开展等价商业交换。在市舶交易中,价格由货物质量、供求关系等市场因素决定,不再由朝廷以政治权力决定价格。国家和地方政府要通过市场赚钱,就要尊重市场、管理市场。为了管理市舶,朝廷设立了一个专门机构,也就是市舶司。

开元二年(公元714年),唐朝在广州首次设立了市舶司,管理对外贸易。市舶使的职责主要有四条:一是向前来贸易的外国船舶征收关税;二是代表朝廷采购一定数量的舶来品;三是代表朝廷管理海外各国朝贡事务,管理外国商人向皇帝朝贡的物品;四是总管海路通商,对市舶贸易进行监督和管理。

唐朝在广州建立起了一套全新的市舶管理制度与经营方式,为后世所沿用,在中国外贸史上具有划时代意义。广州是唐代唯一设置市舶使的城市,为整个国家履行对外贸易的管理职能,具有特殊的地位,在海外享有盛誉。当时各国到唐朝进贡,都必须先到广州,广州再选择首领一人、随员两人进京,其余随员留在广州。外国人称长安为"摩诃支那",意思是大中国;称广州为"支那",意即中国。唐朝是中国古代海外贸易的重要转折点,在市舶贸易制度的推动下,由海道来中国进行国际贸易的国家数量直线上升。

到了宋朝,与广州有贸易往来的国家和地区有五十多个,广州成了"万国衣冠,络绎不绝"的著名对外贸易港。大批船舶货物从海外运到广州,再从广州运送到全国各地。广州的舶来品除了部分直接北运外,其余全部在广州贸易,形成了巨大的广州舶货市场。中外商人在舶货市场中获得了高额利润。

公元1080年,宋朝廷正式修订了《广州市舶条》,并向全国推行。其条文主要是关于海舶出入港的管理、征税、专卖专买的规定等。这样,市舶司制度开始向全国推行。元朝继承了宋朝的做法,在全国大型出海城市实行市舶司制度,这使得海上丝绸之路得到了极大发展。在元朝,同中国有贸易往来的国家和地区增加到一百四十多个。[42]

## 海禁

自宋、元之后,海上丝绸之路高速发展,为中国带来了丰厚的收入,也带动了东南沿海诸国的发展。但是,航海贸易在明朝中后期开始受到倭寇、海盗的危害,海上丝绸之路变得有些磕磕巴巴的,总不是那么顺利。有些人认为,这种局面是因为明朝的海禁政策引起的。这确实有些冤枉了海禁政策,至少误解了海禁政策的初衷。

### "一带一路"关键词

评论家刘仰指出,海禁有着明确的政策对象,而非全面闭关锁国。明朝海禁政策主要针对的是日本海盗,后来被称为"倭寇"。在元朝以前,中国与日本的关系一直都比较和谐,文化交流和相互贸易开展得比较顺利。但是,在宋朝时期的朝鲜,倭寇与海禁一起出现了。朝鲜曾经下令禁止国民与日本人交易,特别禁止向日本人售卖火药、兵器、铁制品等"战略性物资"。宋朝是中国科学技术高度发展的一个时期,火药、印刷术都出现在这个时期,并很快传到了朝鲜。朝鲜为了防备日本,严禁火药技术外传,违者要被处以死刑。这条禁令与后来明朝的海禁政策颇为相似。当时,明朝曾明确罗列禁止交易的物品名单,其中包括铁货、牛马、军器等物资。这种禁令主要是针对日本的。因此,我们应该明确认识到,包括朝鲜在内,中国附近的国家所推行的海禁政策基本上都是针对日本海盗的。

日本是一个岛国,物资贫乏,文化落后。在很长一段时期内,更加靠近中国的朝鲜比日本要发达得多,朝鲜人把日本人看成野蛮人,把日本民族看成未开化的民族。日本的岛国特点使其极为需要对外贸易。当日本与中国关系和谐的时候,朝贡贸易基本上可以满足日本上层社会的需求。但是,由于对中国的贸易获利巨大,日本在各个时期都进行着与中国沿海民众的走私贸易。由于日本开化较晚,古代日本民众的个人素质较之中国与朝鲜民众要差很多,从事走私贸易的人行为不检点几乎是一种常态。在中国人和朝鲜人看来,他们就是骚扰中国和朝鲜的海盗。

中日关系在唐宋时期比较融洽,转折点发生在元朝失败的远征日本之旅之后。忽必烈两次发兵攻打日本,都以失败告终。由于战争,敌对国之间的官方和民间贸易一律被禁止。对于元朝如此,对于日本同样如此。庞大的元朝损失了对日本这样一个落后小国的贸易并不会伤及毫末。但是,对日本而言,失去了与中国的贸易,就严重影响了整个国家经济的发展。因此,从元朝开始,日本的民间走私行为发展成地方割据势力支持的海盗,中国的史书中有大量关于倭寇的记载。也许是仗着战胜忽必烈的战绩,日本商人甚至驾驶武装船只来到中国,要求元朝政府开放贸易。元朝政府吸取了战败的教训,不愿再与日本人开战,便采取了海禁措施。虽然政府曾短暂开放过对日本的贸易,但是由于日本商人的商业行为与海盗行为难以区分,史称"皆奸利小民",因此整个元朝的大多数时间,中日贸易基本断绝。倭寇的海盗行为就是从这时开始真正危害中国沿海地区的。

  明朝之初,国家的主要威胁来自于逃窜的蒙古贵族。明朝政府曾试图与日本建立良好的关系。由于当时的日本正处于纷乱的"战国"时代,没有强有力的中央政府对其割据势力进行有效控制,难以遏止海盗行为,明朝政府不得不采取了海禁政策。但是,只要日本政局稍稍稳定,明朝便立即与之展开了朝贡贸易。按照朝贡贸易的惯例,明朝规定了日本朝贡使团来华的次数、人数、船数。然而,做惯海盗的日本商人,甚至身为代表日本政府的朝贡使团,在中国的行为也极其不检点,坑蒙拐骗不说,还在中国多次行凶杀人。明朝政府不得不对日本进行惩罚。

  明朝惩罚日本的手段之一,是降低日本刀的收购价格。日本刀是日本向中国输入的主要商品之一。当时在日本,每把日本刀的价格在 800 文到 4000 文白银之间,中国政府收购的价格在

6000文到10000文白银之间。因此,朝贡贸易等于是给日本送钱。但是,日本朝贡使团屡屡在中国作奸犯科。他们在通过朝贡贸易赚明朝政府钱的同时,还利用海盗、走私等活动大量输入日本刀。明朝为了惩罚这种不守国际信义、破坏国际交易规则的行为,决定降低朝贡贸易中日本刀的收购价格。明朝规定,日本使团的日本刀按照每把300文的价格收购。当时日本处于内乱状态,中央政府缺乏权威,各地都是军阀割据者的天下。各种割据势力看到朝贡能够带来超级利润之后,竞相派出各种名目的"朝贡团"。这些"朝贡"人员大多都是不择手段赚钱的奸佞小人,他们一旦"朝贡"不成,就坐地为盗,四处抢夺劫掠中国沿海地区。随着这种海盗行为的普及化,明朝政府不得不痛下决心,以海禁政策断绝了对日本的朝贡贸易。在海禁之后,日本的海盗彻底公开化,形成了"倭寇之患"。

明朝时期,中国政府曾经多次要求日本政府管辖和控制海盗。但是,当时日本的中央政府完全瘫痪,根本无法控制各地自发的海盗。倭寇最猖獗的时候正是日本最为混乱的时期,这使得明朝政府不得不采取这种"杀敌一千,自损八百"的海禁政策。

在倭寇被清剿之后,明朝政府立即开放了海禁。其实,在剿灭倭寇接近尾声的时候,明朝就已经在澳门开放了海禁。就此而言,明朝实行海禁政策,只是为了惩罚国外作恶多端者,特别是日本本国政府无法约束的那些海盗集团,而不是要放弃海上丝绸之路,更不是闭关锁国。㊣

第三篇
历史上的"一带一路"

## 茶马古道

在横断山脉的高山峡谷,在滇、川、藏"大三角"地带的丛林草莽之中,绵延盘旋着一条神秘的古道,这就是世界上地势最高的文明、文化传播古道之一的"茶马古道"。如今,丽江古城的拉市海附近、大理州剑川县的沙溪古镇、祥云县的云南驿、普洱市的那柯里都保存着较为完好的茶马古道遗址。

"茶马古道"的名称最早起源于唐宋时期的"茶马互市"。康藏属高寒地区,海拔都在三四千米以上,糌粑、奶类、酥油、牛羊肉是藏民的主食。在高寒地区,需要摄入含热量高的脂肪,但是当地没有蔬菜,糌粑又燥热,过多的脂肪在人体内不易分解。由于茶叶既能分解脂肪,又能防止燥热,所以藏民在长期的生活中养成了喝酥油茶的习惯。但是,藏区并不产茶。在内地,民间役使和军队征战都需要大量的骡马,缺口很大,而藏区和川、滇边地则产良马。于是,具有互补性的茶和马的交易即"茶马互市"便应运而生。这样,藏区和川、滇边地出产的骡马、毛皮、药材等,以及内地出产的茶叶、布匹、盐和日用器皿等,在横断山区的高山深谷间南来北往,流动不息,并随着社会经济的发展而日趋繁荣,形成一条延续至今的"茶马古道"。

具体而言,"茶马古道"主要分为南、北两条道,即滇藏道和川藏道。滇藏道起自云南西部洱海一带产茶区,经丽江、中甸(今天的香格里拉县)、德钦、芒康、察雅至昌都,再由昌都通往卫藏地区。

川藏道则以今四川雅安一带产茶区为起点,首先进入康定,自康定起又分成南、北两条支线:北线从康定向北,经道孚、炉霍、甘孜、德格、江达,抵达昌都(今天的川藏公路的北线),再由昌都通往卫藏地区;南线则从康定向南,经雅江、理塘、巴塘、芒康、左贡至昌都(即今天的川藏公路的南线),再由昌都通向卫藏地区。

以上所列的路线只是"茶马古道"的主要干线,也是长期以来人们对"茶马古道"的一种约定俗成的理解与认识。事实上,除以上主干线外,"茶马古道"还包括了若干支线,如由雅安通向松潘乃至连通甘南的支线,由川藏道北部支线经原邓柯县(今四川德格县境)通向青海玉树、西宁乃至旁通洮州(临潭)的支线,由昌都向北经类乌齐、丁青通往藏北地区的支线等。实际上,历史上的"茶马古道"并不只有一条,而是一个庞大的交通网络。它是以川藏道、滇藏道与青藏道(甘青道)三条大道为主线,辅以众多的支线、附线而构成的道路系统。它地跨川、滇、青、藏,向外延伸至南亚、西亚、中亚和东南亚,远达欧洲。三条大道中,川藏道开通最早,运输量最大,历史影响也最大。⑭

## "支那"

在中国,"支那"往往是个敏感的词汇,常常让人想起日本侵略者对我们的戕害、蔑视。实际上,在日本,一段时期内,"支那"是对中国汉人的尊称。清末民初时,很多中国的革命家使用"支那"这个词称呼自己,也说明那时日本使用"支那"称呼中国,不但没有贬义,反而含有对中国汉人的尊敬。如果日本人按照当时中国的正式国号"大清",把中国人称为"大清人",把中国话称为"大清语",对中国的汉人来说,反而会感到被侮辱了。其实,从历史上看,"支那"这个词也没有什么贬义,它只是古印度对中国的称呼而已。这是一个梵文词汇,英文是"Cina",最早出现在公元前4世纪。

古印度称中国为"支那",源于它与中国蜀地的交流,其实是对古代成都的称呼。早在三星堆文化时期(距今约4500—4650年),古蜀就已经同印度地区有以贝币为媒介的商品交易和文化交流。另据《史记》和《汉书》记载,蜀人商贾很早就到达滇越从事贸易活动,还到身毒销售蜀布、邛杖等蜀物。滇越即今天东印度阿萨姆地区,身毒即印度。

成书于公元前4世纪的印度古籍《政事论》也提到"支那产丝与纽带,贾人常贩至印度",所说"丝与纽带"正是蜀地的特产。这就表明,战国时期,蜀人在印度频繁进行着贸易活动,而这同商代以来三星堆文化与印度文化的交流又是一脉相承的。在这种长期的交往中,印度对古蜀产生了较之中国其他地区更多的印象和认识,以古蜀的首善之地成都的称呼作为中国的称呼。"成都"作为城市名、地名形成得非常早,《山海经》对其有明确记载。春秋时期的四川荥经曾家沟漆器上就刻有"成造"(成都制造)的烙印戳记。"成"这个字的西南读音是"支",按照西方语言的双音节读法,也就读作"支那"。这表明,"支那"其实是"成都"的双音节读音。

梵语里的"Cina",在古伊朗语、波斯语、粟特语以及古希腊语里的双音节读音均与"成"的古音相同。这证实"Cina"的确是"成都"的双音节读音或转生语,其他地区的相对字则均与"成都"的转生语"Cina"同源,而这些地区恰恰也是西南丝绸之路货品的集散地。这从侧面证明了"支那"就是梵语的"成都"二字,也再一次说明丝绸之路不仅传递了货物,更传递了世界对中国的认识,尽管这种认识可能是片面的。[45]

第四篇

# 历史上的"一带一路"给我们带来了什么?

第四篇
历史上的"一带一路"给我们带来了什么?

牛顿说:"如果说我比别人看得更远些,那是因为我站在了巨人的肩上。"实际上,人类的物质生活和思想文化并不像上帝造人那样一天之内就能完成。当代的物质文化生活都是建立在几千年历史的累积之上的。我们华夏子孙今天身边的各种动植物、经济作物乃至宗教、文艺、习俗,很多并非土生土长,而是受益于世界文明的交流、传播。历史上的"一带一路"就是这种交流、传播的重要渠道。

## 丝路动物

丝绸之路有各种名称,比如"丝绸之路""茶马古道""玉石之路""佛教之路""香料之路"等。这些名称本身就已经透露出古代丝绸之路带给我们的各种"宝"。陕西师范大学赵阳阳对此作了专门论述:

在"丝路百宝"之中,最重要、最著名的当然是马了。古代西北边疆一些少数民族地区,如乌孙、匈奴等,气候高寒,善出良马。中亚诸国,如康居、大宛等,所产马也很有名。尤其是大宛的"汗血宝马",深深吸引着常为缺马而忧虑的中原皇帝。汉武帝为得宝马,不惜数次派兵征讨大宛,"取其善马数十匹,中马以下牝牡三千余匹"。汉军经过长途跋涉,到达玉门关时尚余汗血马一千多匹。汉武帝时,仅中央直接掌管的军马就有四十多万匹。中亚地区的马匹随丝绸之路源源不断地输入中国,对中国发展养马业、改良中原马种具有重大的意义。

丝绸之路带来的另一种动物是骆驼。骆驼是西域、西亚地区最常见的驮畜。东汉时,许多人从未见过这种动物,故有"少所见,多所怪,睹橐驼,谓马肿背"的说法。其实,骆驼在秦汉之前即已传入中国内地。《逸周书·王会》记载:"正北空同、大夏、莎车、匈奴、楼烦、月氏诸国诸以橐驼、野马……为献。"丝绸之路正式开通之后,西域向内地献骆驼的事情逐渐多了起来。

"百兽之王"狮子也是沿着丝绸之路进入中国的。狮子原产于西亚和非洲。张骞出使西域后,狮子开始传入中国。狮子最早见史是在东汉章帝时期,章和元年(公元87年),"西域长使班超击莎车,大破之。月氏国遣使献扶拔,师子"。此后,相关的记载逐渐多了起来,如"和帝即位,安息国遣使献师子,永元十三年冬,又遣使献师了";"阳熹二年六月,疏勒国献师子"。据统计,从《后汉书》到《明史》,单是历代帝王本纪中,就有21次与贡狮有关的记载,最后一次是清康熙十七年(公元1678年)葡萄牙使臣本笃携带非洲狮子到中国朝觐。狮子进入中国后,不但被华夏民族接受、喜爱,被人们奉为辟邪瑞兽,还逐渐被神化,被赋予各种寓意,其形象被广泛用于祠堂、陵墓、宫室、寺庙、府邸建筑前以及家具、碑刻、器物等的各种装饰图案中,成为具有中华民族特色的典型艺术形象。

鸵鸟也是乘着丝绸之路的西风而来的异域动物。鸵鸟,古称"大鸟""大雀""大爵",原产于西亚和非洲沙漠地带。最早传入中国的是鸵鸟蛋。《史记》记载,张骞返回中原后,安息国"因发使随汉使者来观汉地,以大鸟卵及黎轩眩人献于汉,天子大悦"。东汉时,鸵鸟开始传入中原。《后汉书·和帝纪》记载,永元十三年(公元101年),"安息王满屈复献狮子及条支大鸟,时谓之安息雀"。隋唐时期,史书中又频频出现中亚等地入贡鸵鸟的记载,且正式以"鸵鸟"称之,"鸵鸟如驼,生西戎,高宗永徽中,吐火罗献之,高七尺,足如橐驼,鼓翅而行,日三百里,食铜铁也"。

此外,随丝绸之路而来的还有大象、犀牛、孔雀等珍禽异兽。[46]

## 丝路食谱

如果没有丝绸之路给我们带来那么多的瓜果蔬菜,我们的食谱会非常"干瘪"。西域的各种瓜果蔬菜通过丝绸之路进入中国,大大丰富了我们的饮食生活。

华中师范大学历史文化学院姚伟钧教授指出,在中国人当前日常所食用的百余种蔬菜中,汉地原产和从西域外引入的大约各占一半。汉唐以来,中原内地通过与西域少数民族的饮食文化交流,引入了大量蔬菜品种,日常食用的主要有苜蓿、芸苔、胡瓜、菠菜、卷心菜、胡豆、胡蒜、胡荽、莴苣、葡萄、石榴等。

苜蓿,最初是喂马的一种饲料,以后才渐有人采其嫩叶食用。

## "一带一路"关键词

中原地区种植苜蓿始于西汉,《史记·大宛列传》中记载,大宛有苜蓿草,"汉使取其实来,于是天子始种苜蓿"。苜蓿既可生吃,又可做羹和干菜,味道非常鲜美。

芸苔,是油菜的一种,它经河西走廊传入内地,现在主要分布在秦岭以北各省。

胡瓜,即今之黄瓜。隋代时,胡瓜统一称为"黄瓜"。黄瓜除生吃外,还可以做成酸黄瓜。

菠菜,又称为"波斯草",原产波斯,后在欧洲广泛传播开来。中国在唐代开始栽种菠菜。

卷心菜,又名"甘蓝""包菜"等,原产于地中海沿岸,唐代经西域传入中国。

胡豆,又名"蚕豆",和胡芹一样,也是由西域传入的。

胡蒜,即今之大蒜,其味辛于小蒜。

胡荽,即今之芫荽,俗称"香菜",又名"香荾",在魏晋南北朝时期已被广泛种植。胡荽除生吃、烹煎菜外,还是烹饪其他菜肴的一味配料。

莴苣,俗称"莴笋",在古代曾经被称为"千金菜",一般认为是汉朝花费大量金银从西域呙国买来种子,在中原地区种植开来的。在魏晋时期,莴苣成为普通百姓家的菜肴。

胡萝卜,又叫"红萝卜""黄萝卜",原产于中亚,元代以前传入中国,因其颜色亮丽、脆嫩多汁、芳香甘甜而受到人们的喜爱。胡萝卜对人体具有多方面的保健功能,因此被誉为"小人参"。

葡萄,古时也称为"蒲陶""蒲桃""蒲萄",秦汉时期从西域传入。汉朝时,葡萄只是皇宫贵族的奢侈品。魏晋南北朝时期,随着胡人向内地移居，内地和西域之间的交流更加方便与频繁，葡萄亦随之在内地广泛普及。

石榴，古称"安石榴"，早在南北朝时期就已经传入内地。此后，北方地区大范围栽种石榴。张载、张协、应贞、夏侯湛、傅玄等人都有"石榴赋"流传于世。甜的石榴是上佳的水果，酸的石榴是优质的调味品，无论哪种都广受内地群众欢迎。

除此之外，西王母桃、红枣、胡栗、胡柰、胡桃等较为常见的水果也是通过丝绸之路进入内地的。[47]

## 棉花之路

棉花种植最早出现在公元前5—4千年的印度河流域文明中。后来，棉纺织品的使用传到了地中海地区。公元1世纪，阿拉伯商人将精美的细棉布带到了意大利和西班牙。大约9世纪的时候，摩尔人将棉花种植方法传到了西班牙。15世纪，棉花传入英国，然后传入英国在北美的殖民地。

实际上，中美洲原住民也早已懂得用棉花纺织衣服和毯子。16世纪，西班牙人进入墨西哥南部和尤卡坦半岛，发现当地植棉业已很发达，岛民将彩色棉纺成土布，做成当地人的服装。现在占世界棉花总产量90%以上的棉种都是原产于墨西哥的陆地棉。

在中世纪，棉花曾是欧洲北部重要的进口物资，那里的人自古以来习惯从羊身上获取羊毛，当听说棉花是种植出来的时候，他们还以为棉花来自一种特别的羊，这种羊是从树上长出来的。所以，德语里面的"棉花"一词直译是"树羊毛"。

在中国的中原地区,起初人们只将棉花作为观赏植物,并未认识到它的经济价值。世界著名旅行家苏莱曼在9世纪时曾到中国游历,从其所著《苏莱曼游记》的记载来看,当时北京等地还只是把棉花当作观赏植物栽种在花园里面。《梁书·高昌传》也有类似的记载。目前中原地区所见最早的棉纺织品遗物,是在一座南宋古墓中发现的一条棉线毯。从史料来看,大批量栽种的棉花也是从丝绸之路而来的。

从第一条路径传入的是印度的亚洲棉,它经东南亚,传入海南岛和两广地区。从第二条路径传入的也是亚洲棉,它由印度经缅甸传入云南。这两条路径上的亚洲棉都是大约在秦汉时期传入中国的。南北朝时期,非洲棉花开始从新疆、河西走廊一带大量传入中国。

宋元之际,棉花传播到长江和黄河流域广大地区。到13世纪时,棉花已传到陕西的渭水流域。从元朝开始,棉花开始成为国家重要的工业原料。元朝初年,政府设立了木棉提举司,大规模向人民征收棉布实物,每年多达10万匹,后来又把棉布作为夏税(布、绢、丝、棉)之首。为了保证棉花的生产,元朝历代统治者都大力推进棉花生产,出版各种植棉书籍,劝民植棉。明朝继续了元朝的棉花产业政策,宋应星在《天工开物》中记载了这种盛景:"棉布寸土皆有","织机十室必有"。

综合来看,从丝绸之路传入中国的棉花主要有四类,即海岛棉(长绒棉)、亚洲棉(粗绒棉)、陆地棉(细绒棉)和草棉(粗绒棉)。[43]

第四篇
历史上的"一带一路"给我们带来了什么?

## 佛教之路

张骞西游大月氏时,始知印度之名,"始闻浮屠之教"。随着丝绸之路的开辟,佛教不断从印度传向中国。中国社会科学院世界宗教研究所卓新平研究员指出,从现有史料来看,佛教最早是在西汉哀帝元寿元年(公元前2年)经西域传入中国的。东汉永平七年(公元64年),蔡愔、秦景等赴天竺求取佛法,并于东汉永平十年(公元67年)将印度人摄摩腾、竺法兰迎至洛阳,"时白马负经而来",故建有白马寺。这一时期的西域是佛教传播的热门地域,不少佛教高僧通过西域的丝绸之路到达中国,进行了大范围的传教活动,使佛教得以在中土流行。例如,祖籍印度的鸠摩罗什(公元344—409年)从龟兹(今新疆库车)被迎到长安,并被尊为国师。印度高僧真谛亦应梁武帝之邀,经海上丝绸之路于中大同元年(公元546年)来到南海(广州)弘法。在此前后,通过丝绸之路来华的西域僧人还包括安息人安清、安玄,大月氏人支娄迦谶,龟兹人佛图澄,北天竺人觉贤,南天竺人菩提达摩等,其中不少人都成为译经论法的著名翻译家。

丝绸之路也是佛教传入中国后,中国人西行求索真经的道路。这种西去学经以勘误西域传来经文的活动与西域僧人的东行传法形成了呼应和互动。据载,第一个到达印度的中国人是汉献帝建安十年(公元205年)从鸟鼠山(甘肃渭源)出发的成光子,而沿丝绸之路西往的第一个中国僧人则是曹魏时期的朱士行。此后,从陆上丝绸之路西游求经、沿海上丝绸之路东归的东晋僧人法显(公元344—420年)成为中国历史上的第一个"海归"。与法显大约同时代西行取经的还有竺法护、智猛等人,而西行取经名气最大就是"唐僧"唐玄奘(公元602—664年)了,他也使得"西行取经"成了妇孺皆知的事业。

可以说,丝绸之路是佛教得以传入中国的"大乘"(大道),而这种佛教传播的来往也使得丝绸之路充满生机、彰显灵性。如沈济时所说:"佛教文化是外部文化大规模输入中国的第一次,它进入中国后,很快便被中国固有文化所改造、吸收,成为中国传统文化的一个重要组成部分。"佛教通过丝绸之路在中国生根开花,使中国文化的开放性、包容性得到了很大的提升。㊵

# 伊斯兰教之路

伊斯兰教在中国旧称"回教""回回教""回回教门""清真教""天方教"等,最初在唐朝由海上丝绸之路传入中国。当时的阿拉伯帝国被中国称为"大食",在唐高宗永徽二年(公元651年)开始与中国建立正式外交关系。卓新平指出,从史料来看,早在永徽三年(公元652年),伊斯兰教可能就已经传入中国。广州北门外的斡歌思墓就是当年为中国回教传播第一人斡歌思所建造的坟茔。当时,中阿两国经济都很繁荣,商业往来非常频繁。阿拉伯与波斯商人主要通过海上丝绸之路前往中国,他们大多聚集在东南沿海的广州、泉州、扬州、杭州等地,卖出运来的香料、象牙、药材、珠宝,带回中国的丝绸、瓷器、茶叶等。正因如此,也有人把海上丝绸之路称为"海上香料之路"。这些来华的商人被称为"蕃客""商胡""胡贾",大多成为侨寓的"住唐",并在中国结婚生子,形成了新的混血民族。这种新的民族继承了父辈、祖辈的传统,都信仰伊斯兰教。

从传播线路来看,伊斯兰教教徒先由海路从波斯湾经印度,绕马来半岛到达广州,在广州建怀圣寺,又名"光塔寺"。此后,他们又沿海岸北上,经泉州建麒麟寺,再北上至杭州建凤凰寺。还有一路人直接从泉州横渡海峡去了台湾,形成了台湾的伊斯兰分支。

元朝时,蒙古西征客观上也促进了伊斯兰教在中国的传播。西征过程中,蒙古军队将大批穆斯林带回中国,这些人被元朝官方统称为"回回"。一时之间,在中国形成了"回回遍天下"的壮观场景。蒙古人的西进以陆地丝绸之路为主,他们促成了沿途穆斯林民族的东迁,推动了中国境内民族、宗教的发展。元朝后期活跃在西域的察合台汗国以武力东扩,强力推动了伊斯兰教在中国西北边陲的发展。至16世纪,新疆全境的居民大多已改信伊斯兰教。

经过了一千三百多年的不断发展壮大,目前中国已经有10个民族信仰伊斯兰教,他们是回族、维吾尔族、哈萨克族、柯尔克孜族、塔吉克族、乌孜别克族、塔塔尔族、东乡族、撒拉族和保安族,约占中国人口的1/10。信仰伊斯兰教的民族主要分布在中国的西北地区,如新疆、甘肃、陕西、青海和宁夏等地。[50]

"一带一路"关键词

## 天主教之路

　　天主教也是沿着丝绸之路进入中国的。1221 年开始的蒙古西征几乎横扫欧洲。欧洲人发现,依靠勇士、火炮、弓弩、战马等物质力量几乎不可能战胜蒙古铁骑。于是,他们开始寻求以精神力量控制蒙古铁骑。

　　据卓新平介绍,1245 年,教宗英诺森四世在法国里昂召开欧洲主教会议,决定派传教士作为使者东行,让他们务必争取让蒙古大汗信教,以便在物质力量无法抗衡蒙古西征的情况下,以精神力量约束蒙古对欧洲的破坏。同年,受教皇委托,方济各会修士约翰·柏朗嘉宾拉开了西方天主教东行的序幕。他在蒙都和林向元定宗贵由呈交教宗致蒙古大汗书信,贵由予以回函。1247 年,多明我会修士安山伦也受遣东来。此后,法王路易九世先后于 1249 年、1253 年派多明我会修士龙如模、方济各会修士鲁布鲁克来到中国。虽然没有达到沟通和传教的目的,但是他们对丝绸之路风土人情的精彩描述让西方人看到了一个神奇而迷人的东方世界。1255 年,威尼斯商人波罗兄弟东来经商。1266 年,他们在蒙古上都觐见了蒙古大汗忽必烈。忽必烈热情地接见了他们,并委托他们在欧洲延请宗教大师、大学问家来中国交流。1271 年,波罗兄弟如约而至,他们带着年轻的马可·波罗来华复命。波罗一家久居中国,直至 1291 年才返回欧洲。马可·波罗后来口述《马可·波罗游记》,这是一本描写丝绸之路见闻的世界经典名著。

1289年,方济各会修士孟德高维诺取道亚美尼亚、波斯和印度东来。他于1294年从印度由海上丝绸之路抵达中国。1299年,他在大都建立教堂,这是中国第一个天主教教堂,也是天主教在中国传播的第一个基地和"孵化器"。天主教的东传成功丰富了中国人的宗教生活,也使中国人有了更多机会了解西方社会。

天主教的大范围传播源于明末清初以耶稣会为代表的天主教东传,它也是从丝绸之路进入中国的。耶稣会天主教在中国的传播中,利玛窦立下了汗马功劳,他把宗教与科学、技术、哲学、语言等结合在一起,形成了一种"科学与宗教齐飞"的传教模式,使得这种来自异域的宗教更容易被中国人认可和接受。经过了利玛窦的传播,基督教在中国有了相当好的基础,很多人开始信奉基督教。[51]

## 鲜卑后裔

先秦、隋唐至西夏,大批量沿着丝绸之路进入中原的鲜卑族及其后人在历史舞台上叱咤风云,绵延千年。进入中原的鲜卑人慢慢主动汉化,而留在东北原籍的鲜卑人就是现在分布在东北、西北的锡伯族人。俄语把西伯利亚叫"Siberia",称锡伯为"Sibe"。西伯利亚显然就是鲜卑族人居住的地方。还有两个地方明确有锡伯族人:一个是公元4世纪时随拓跋鲜卑远征的鲜卑族吐浑部落,经过一千六百多年的风风雨雨,现在居住在凉州、祁连山一带和浩门河流域及河湟地区的土族人就是鲜卑族的后裔;另一个是分布在俄国东部大部分地区的鲜卑族人。

**"一带一路"关键词**

孝文帝改革,规定鲜卑姓改为汉姓,除了西魏短暂复过外,一直流传至今。鲜卑姓改为汉姓的有:拓跋氏,后改为元氏。独孤氏,后改为刘氏。丘穆陵氏,后改为穆氏。步六孤氏,后改为陆氏。贺赖氏,后改为贺氏。尉迟氏,后改为尉氏。纥奚氏,后改为嵇氏。贺楼氏,后改为楼氏。勿忸于氏,后改为于氏。侯莫陈氏,后改为陈氏。拔列氏,后改为梁氏。贺拔氏,后改为何氏。普氏,后改为周氏。叱李氏,后改为李氏。可频氏,后改为王氏。莫胡芦氏,后改为杨氏。可朱浑氏,后改为朱氏。叱吕氏,后改为吕氏。叱罗氏,后改为罗氏。丘林氏,后改为林氏。贺葛氏,后改为葛氏。纥豆陵氏,后改为窦氏。叱卢氏,后改为祝氏。是楼氏,后改为高氏。出连氏,后改为毕氏。库狄氏,后改为狄氏。出大汗氏,后改为韩氏。俟力伐氏,后改为鲍氏。吐奚氏,后改为古氏。胡古口引氏,后改为侯氏。纥骨氏,后改为胡氏。嗢盆氏,后改为温氏。素黎氏,后改为黎氏。叱干氏,后改为薛氏。是连氏,后改为连氏。仆兰氏,后改为仆氏。若干氏,后改为苟氏。匹娄氏,后改为娄氏。拨略氏,后改为略氏。若口引氏,后改为寇氏。普六茹氏,后改为茹氏。是贲氏,后改为封氏。阿伏于氏,后改为阿氏。可地延氏,后改为延氏。阿鹿桓氏,后改为鹿氏。他骆拔氏,后改为骆氏。薄奚氏,后改为薄氏。乌丸氏,后改为桓氏。素和氏,后改为和氏。谷浑氏,后改为浑氏。吐伏卢氏,后改为卢氏。牒云氏,后改为云氏。是云氏,后改为是氏。叱利氏,后改为利氏。副吕氏,后改为副氏。如罗氏,后改为如氏。乞扶氏,后改为扶氏。阿单氏,后改为单氏。俟几氏,后改为几氏。贺儿氏,后改为儿氏。莫那娄氏,后改为莫氏。莫芦氏,后改为芦氏。没路真氏,后改为路氏。扈地于氏,后改为扈氏。莫舆氏,后改为舆氏。纥干氏,后改为干氏。俟伏斤氏,后改为伏氏。尸突氏,后改为屈氏。沓卢氏,后改为沓氏。嗢石兰氏,后改为石氏。解枇氏,后改为解氏。奇斤氏,后改为奇氏。须卜氏,后改为卜氏。大莫干氏,后改为郃氏。尔绵氏,后改为绵氏。盖楼氏,后改为盖氏。渴单氏,后改为单氏。壹斗眷氏,后改为明氏。叱门氏,后改为门氏。宿六斤氏,后改为宿氏。馥邗氏,后改为邗氏。土难氏,后改为山氏。屋引氏,后改为房氏。树洛于氏,后改为树氏。乙弗氏,后改为乙氏。茂眷氏,后改为茂氏。宥连氏,后改为云氏。太洛稽氏,后改为稽氏。柯拔氏,后改为柯氏。步鹿根氏,后改为步氏。破多罗氏,后改为潘氏。俟奴氏,后改为俟氏。辗迟氏,后改为展氏。费连氏,后改为费氏。其连氏,后改为綦氏。去斤氏,后改为艾氏。渴侯氏,后改为缑氏。和稽氏,后改为缓氏。冤赖氏,后改为就氏。达勃氏,后改为褒氏。独孤浑氏,后改为杜氏。郁都甄氏,后改为甄氏。越勒氏,后改为越氏。叱奴氏,后改为狼氏。渴烛浑氏,后改为味氏。库褥官氏,后改为库氏。乌洛兰氏,后改为兰氏。一那蒌氏,后改为蒌氏。羽弗氏,后改为羽氏。㊿

## 琵琶之路

琵琶又称"批把",相关记载最早见于汉代刘熙的《释名·释乐器》:"批把本出于胡中,马上所鼓也。推手前曰批,引手却曰把,象其鼓时,因以为名也。"也就是说,批把是骑在马上弹奏的乐器,向前弹出称作"批"。它来自于丝绸之路上那些"骑在马背上的民族"。当时的游牧人骑在马上,好弹批把,故也有人称批把为"马上所鼓也"。大约在魏晋时期,"批把"开始被另一个同音的"雅词""琵琶"代替。

南北朝时,琵琶通过丝绸之路由波斯经今新疆传入中国。琵琶为四弦、四相(无柱),梨形,横抱,用拨子弹奏。它盛行于北朝,在公元6世纪上半叶传到南方长江流域一带。在隋唐九、十部乐中,琵琶已成为主要乐器,对盛唐歌舞艺术的发展起到了重要作用。从敦煌壁画和云冈石刻中,仍能见到它在当时乐队中的地位。唐代诗人白居易在他的著名诗篇《琵琶行》中非常形象地对琵琶演奏及其音响效果进行了这样的描述:"大弦嘈嘈如急雨,小弦切切如私语。嘈嘈切切错杂弹,大珠小珠落玉盘。"

唐代后期,琵琶从演奏技法到制作构造都得到了很大的发展。在演奏技法上,最突出的改革是由横抱演奏变为竖抱演奏,由手指直接演奏取代了用拨子演奏。在制作构造方面,最明显的改变是由四个音位增至十六个(即四相十二品),同时它的颈部加宽,下部共鸣箱由宽变窄,便于左手按下部音位。由于构造上的改革,琵琶的演奏技法得到了空前的提升。据统计,琵琶的指法共有五六十种。归纳起来,右、左指法分别分为轮指、弹挑、按指以及推拉四大系统。

到公元15世纪左右,琵琶已拥有了一批以《十面埋伏》和《霸王卸甲》为代表的武曲与以《月儿高》《思春》《昭君怨》和《彝族舞曲》为代表的文曲。所谓武曲,其特点是以写实和运用右手技法为主;所谓文曲,其特点是以抒情和运用左手技法为主。这些乐曲已

经成为中华民族音乐的瑰宝、琵琶艺术的珍品。㉝

## 丝绸名将

　　游牧而居的生活方式、频繁战争的社会环境,造就了丝绸之路地区的尚武民风长盛不衰。丝绸之路不仅是一条商业之路、友谊之路,更是一条英雄之路、传奇之路。在丝绸之路地带,一批批名将不断涌现出来,更进一步给丝绸之路增加了无穷的魅力。

　　班固在《汉书》中也从一个侧面证明了丝绸之路盛产将军的故事。"秦将军白起,郿人;王翦,频阳人。汉兴,郁郅王围、甘延寿、义渠公孙贺、傅介子、咸纪李广、李蔡、杜陵苏建、苏武、上邽上官桀、赵充国、襄武廉褒、狄道辛武贤、庆忌,皆以勇武显闻。""其余不可胜数。"这些名将虽然未必在丝绸之路附近战斗过,但他们都是出生在丝绸之路区域的将军。东汉时期,由于政府崇儒轻武,国力较弱,对于丝绸之路的控制时断时续,出现了所谓的"三通三绝"现象。伴随丝绸之路的"通与塞",这一地区又涌现出一批名将,如扶风茂陵(今陕西兴平)的耿弇、耿恭、马援,扶风平陵(今陕西咸阳)的班超,安定朝那(今甘肃平凉)的皇甫规,武威姑臧的段颎、皇甫嵩,敦煌渊泉(今甘肃安西)的张奂等。著名的将军评传性古书籍《广名将传》共收录东汉名将15人,其中8人来自于丝绸之路区域。

　　此后,随着丝绸之路的发展壮大,围绕各种利益的争夺、冲突也不断增多,进一步造就了保卫丝绸之路的大批名将。三国时期的张绣(武威祖厉,今甘肃靖远西南)、马超(右扶风茂陵,今陕西兴平)、姜维(天水冀县,今甘肃甘谷)、两晋的杜预(京兆杜陵,今陕西西安)、吕光(略阳,今甘肃庄浪)、唐代的李孝恭(陇西纪成,今甘肃秦安)、李靖(京兆三原,今陕西三原)、郭子仪(华州郑县,今陕西华县)、李晟(洮州临潭,今甘肃临潭)、张议潮(沙州敦煌,今甘肃敦煌)、宋代的吴王介、吴王璘(德顺军陇干,今甘肃静宁)、张俊(成纪,今甘肃天水)等,就是其中的佼佼者。

丝绸之路地区名将辈出的现象符合经济、政治、社会发展规律。丝绸之路是通商、物流的关键通道,牵涉大量的政治、经济利益,有大量通商货物的国家会出兵保护其利益,而参与丝绸之路交易不深的国家则会想方设法派遣部队进行抢掠以使自己的利益最大化。在这一抢一防之间,便产生了大量的名将。㊾

## 胡服骑射

"胡服骑射"虽是发生在战国时期的故事,却是仿照早期丝绸之路上的做法展开的改革。

战国时期,各诸侯国相继改革以求自强自保,其中赵武灵王走在了最前头。赵国本来国小力弱,赵武灵王向塞外少数民族学习,对传统的兵制、兵服进行了大改革,从而使赵国一跃成为诸侯国中的强者,在历史上留下了光辉的篇章。

公元前326年,年方十二的赵武灵王继位。此时,赵国四面强敌环视,而国土中间又横插着一个中山国,使赵国国土分裂为以邯郸为中心的区域和以代郡为中心的区域。两个区域互不相连,一旦发生危机,将不可收拾。赵国要保证自身安全,首先就要解决这个"国中之国"问题。

经过多年的准备,赵武灵王争取到了一个相对安定的外部环境。公元前307年,他亲率大军进攻中山国,开始还算顺利,可是不久便遭到反击。赵国的车兵和步兵被中山国军队打得节节败退,不但很快被迫退回国内,连边境重镇郡邑也落入敌手。更不可思议的是,在赵国攻打中山国时,燕人也乘机夹击中山国,也被中山人迎头打了回去,领兵之将还丧了命。中山国区区一个小国,同时抗击两个大国的进攻,还能取胜,这给了赵武灵王很大的震动,由此引发了一场撼动朝野的改革。

在这次亲自经历的战争中,年轻的赵武灵王发现赵国军队最大的毛病就是行动不灵活,不像中山国的军队那样来去自如。赵国的战车在山地上如废物一般,而步兵作战速度又太慢,进攻和退却都不够灵便。赵国的将士们身穿长袍大袖,外裹重甲,像套上了厚重的壳子,正常人行走都有些吃力,打仗就更不灵活了。敌军一旦来袭,赵军就只好弃甲而逃。

为了解决这些问题,赵武灵王从位于后来的丝绸之路相关区域的"胡人"身上寻找灵感。他从小就耳濡目染这些马背上的民族的风采,一个个身着紧身短衣长裤,外套轻裘。他们跨在马上,弯刀劲弓,来去如风。赵武灵王由此想到,如果能学习胡人的长处,增加军队的灵活性,便能够大幅度提高战斗力。他找来一套胡服穿上,当着文武大臣的面发誓:"我决心易服改装,骑射教民,就让世人都来笑话我吧!但是,胡地和中山必归我属!"第二天,他和公子成等穿着胡服上朝,众大臣见状也纷纷效行。于是,他向全国下达"胡服令",自上而下地改易服装,教民骑射,推行尚武之风。

"胡服令"在推行过程中遇到一些贵族显官的激烈抵制,他们借口所谓"先王之法""先王之礼"等陈腐的谬谈,攻击赵武灵王效蛮夷之行,不像个国君。赵武灵王一方面进行说服教育,另一方面以刑罚相威胁,终于在全国推广了胡服。在胡服骑射的推动下,不到一年,一支人数众多、训练有素的骑兵部队就练成了。骑兵部队很快取代了车兵部队的地位,成为与步兵部队并驾齐驱的主战部队。

公元前306年,赵武灵王亲率这支年轻的骑兵,闪电般地袭取了中山国的宁葭,然后移兵北上,千里跃进,大破林胡和楼烦诸部落,迫使他们北迁大漠,献马乞和,成为赵国的属国。赵武灵王在新辟的土地上设立云中、雁门两郡,并在原阳设立"骑邑",这是训练骑兵的基地。在胡服骑射的改革下,赵国部队的作战能力大幅度提升,很快就消灭了中山国,实现了国家领土的整合,使得赵国成为东方六国中唯一可以与秦国相抗衡的大国,直至长平之战结束。㊴

第五篇

# 不同产业如何参与到"一带一路"中去?

## 第五篇
不同产业如何参与到"一带一路"中去？

对中国而言，推行"一带一路"战略的根本目的之一，是要保持国家的可持续发展能力。但是，发展不是一句空话，它需要各个企业、各类产业都参与到"一带一路"中去，发挥各自的作用，这样"一带一路"战略才算落到了实处。

## 物流业

2014年6月11日，国务院常务会议通过了《物流业发展中长期规划》。会上，李克强总理指出，物流业是融合运输、仓储、货代、信息等产业的复合型服务业，是市场经济发展的必要条件，具有基础性、战略性作用。将"战略性"首次写入国家物流规划，这从国家顶层设计的高度扭转了过去把物流业等同于货运业的误区，标志着国家对物流产业地位的重新认定。甚至在某种程度上，"一带一路"就是一个重塑生产、物流、服务、贸易的国家战略。在此战略中，物流起着重要的支撑作用，它是全球一体化的基础，也是中国国家经济"走出去"的支柱。

《现代物流报》副总编杨达卿在接受采访时指出，当前，在全球

**"一带一路"关键词**

经济一体化的背景下,中国要把优秀的外资企业"引进来",也要让优秀的中国企业"走出去";要把"中国制造"卖出去,也要把外国商品买进来。这种"买全球,卖全球"的全球经济一体化,需要全球物流一体化的支撑。美国、德国、日本长期位居全球贸易大国之列,很重要的一点就是它们较早建立了全球一体化的物流体系。中国要保持世界经贸大国的地位,就必须抓紧培育出国际一流的物流产业、物流企业。唯其如此,才能够把"中国制造"运向全球,才可能使"中国制造"不受制于国际物流企业。在此意义上,物流业的发展可以说是"一带一路"的首要产业战略,它具有重大的战略意义。

中国是全球硕果仅存的社会主义市场经济大国,也因此遭到美、日等西方国家的"非常待遇"。在东部和南部的海上通道上,美、日构筑"第一岛链"和"第二岛链",掐住了中国向东的海上物流生命线;在西部中亚地区,美、日推行各自的"丝绸之路战略"或"丝绸之路外交",钳制中国向西的陆上物流生命线。我们建设"一带一路",一个很重要的目标,就是要构筑中国与周边邻国互利共赢的战略物流通道,实现中国经济全球突围。

长期以来,中国物流成本畸高,物流发展局限在东部和南部沿海地区,中部和西部地区发展滞后。国内物流与国际物流发展失衡。二十多年来,中国物流服务贸易一直处于逆差状态。"一带一路"是国家战略性工程,国家主席和总理亲自推动,国务院各部委高度重视,出台了大量政策措施。这有助于牵动各地政府携手共进,形成东、中、西部地区物流联动,使全国物流实现"一盘棋"式发展,本质上是全国物流产业的一次战略整合机会。[50]

第五篇
不同产业如何参与到"一带一路"中去?

# PPP 模式

PPP 模式,即 Public Private Partnership 模式,指的是政府与私人组织为了提供某种公共物品和服务,以特许权协议为基础,彼此之间形成一种伙伴式的合作关系。在这种模式下,政府与企业通过签署合同明确双方的权利和义务关系,以合同保证公共服务工作的顺利完成。PPP 模式之所以能够在世界范围内兴起,就在于它能够解决政府、企业无法独自做好的工作,故而被实践界和理论界称为"伙伴模式"。也就是说,只有组成伙伴,"搭伙过日子",才能把问题解决好。

"一带一路"沿线国家一直都比较青睐 PPP 模式。东南亚和中东欧已经形成了一种"伙伴"文化,它们在 PPP 模式实施中有着较好的经验积累。PPP 模式很可能是今后"一带一路"互联互通项目的重要实现途径。在这种背景下,中国各类企业,特别是工程承包企业应该审时度势,大胆探索 PPP 模式,通过这一有效形式,尽快参与到"一带一路"战略中来。

上海建工集团股份有限公司国际业务部副总经理荀晓辉指出,工程企业需要熟悉目标市场的 PPP 环境,提高自身的资源集成能力,提高投融资和资本运作的能力。

在熟悉目标市场的 PPP 环境中,首先需要预先考察。在进入一个市场前,要对相关的法律规定、决策程序、担保机制、税务安排、资金管制、建设要求、运营标准等有一个全面细致的考察和了解。比如，中国出台的多项 PPP 项目管理办法和操作指南中对企业回报定价的标准更加侧重于运营期的客流量，而欧美的 PPP 项目则更加侧重于对基础设施项目的功能性和可得性的满足，这就使企业经济效益测算和运营期风险管控产生了巨大差异。其次，需要选择合适的当地合作伙伴。由于基础设施项目的民生属性，很多国家都希望甚至要求外资必须与当地资本合作，才授予其特许经营资格。同时，好的合作伙伴往往可以让企业更快融入当地，在建设期和运营期为企业带来更多便利。最后，需要充分利用专业团队的服务和支持。PPP 项目所具有的高度继承性、长期性和复杂性决定了它的高风险性，使得对这类项目的前期考察十分必要。借助于律师事务所、会计师事务所、保险机构、行业协会等专业服务和咨询机构，可以对大部分风险进行评估和管理。虽然这意味着高昂的前期费用支出，但相对于今后可能出现的巨大经济风险，这些支出是非常必要的。企业要权衡利弊，作出审慎的决策。同时，企业还可以借助中国对外承包工程商会等行业协会的力量，获得更多的指导和帮助。[57]

# 工程承包业

"一带一路"将带动中国的商品、产业和资本向沿线国家移动，随之形成广阔的基础设施建设空间，可以为有意愿和有能力的对外工程承包企业突破平台期约束、实现成功转型升级提供重要的舞台。商务部国际贸易经济合作研究院研究员周密指出，就主要领域而言,中国工程承包企业参与"一带一路"应该在六个关键方面着力:积极参与关键基础设施建设运营、打通"毛细血管"促各国经济参与、推动中国标准在丝路沿线得以更广应用、努力沿基础设施价值链提升位置、积极把握工业化城市化基建需求、以多元化拓展"蓝海"行业领域。

关键基础设施指的是"一带一路"沿线国家的重点工程项目,包括能够提升该国经济发展关键能力、打通瓶颈制约的设施。例如,能够连接各国主要城市、解决要素流动瓶颈的铁路、公路等基础设施;增强机场、重要港口等与国外市场资源流动接口能力的基础设施。中国工程承包企业要力争参与此类关键基础设施项目,打造高质量项目,增强自身的品牌影响力,为后续市场的持续拓展加分。关键基础设施项目往往也是各国的重点工程,有可能获得更多的政府支持,具备更好的经济效益。中国工程承包企业应探索转变重建造轻运营的理念,对于预期能够在"一带一路"中有良好效益的项目,采用"BOT"(build-operate-transfer)等方式参与,以获得长期利润的稳定保障。

受地形地貌和气候影响,"一带一路"沿线国家或多或少都存在经济发展不平衡的问题,这表现为少数中心城市聚集了过多的经济要素,而多数地区缺乏经济增长动力且与中心城市经济活动隔离。促进"一带一路"沿线国家的经济发展,需要打通要素流动的"毛细血管",使要素资源得以更好地流动,参与经济发展,有助于避免出现或减少经济发展带来的地区发展不平衡加剧问题。例如,重要资源开采加工区域与消费需求区域的衔接对于社会福利的上升较为关键;劳动力密集区域内的低成本客运道路建设对于

### "一带一路"关键词

人力资源优势的发挥十分重要。此类"毛细血管"式的项目不仅因为能够释放要素潜能会有较好的收益,而且也是东道国重视的项目,中国工程承包企业应积极把握机会。

由于进入市场较晚且缺乏足够的统筹推进,中国标准在全球工程承包市场上的影响力还很小,与中国工程在国际市场上的影响力不匹配。中国工程的标准本身具有较强的国际竞争力,不仅标准水平较高,能够满足各类复杂的要求,也与"中国制造"相互支持,标准相对较为稳定且在后期维护上有较大的成本优势。作为"一带一路"基础设施建设的重要参与者,中国对外工程承包企业应积极推动中国标准的应用。中国标准的推广不仅有利于中国企业降低工程施工成本,更快完成相关建造流程,在竞争中获得更大的优势,而且有利于提高中国工程承包的整体对外形象,符合中国作为"一带一路"主要推动者的地位。

与制造业的"微笑曲线"相似,基础设施建设领域也有提升价值链的要求。"一带一路"沿线国家在加强基础设施建设中,需要从较高的基础水平起步,面向更高标准,做好设计和施工。在现阶段,中国对外工程承包企业的同质化相对较为严重,企业在竞争中比拼价格的做法对行业整体造成了损害。企业在参与"一带一路"基础设施建设中,可以努力探索向着前端的设计和后端的运营方向发展,在基础设施建设的全球价值链上向高端移动,提升企业对外工程承包业务的利润、竞争力,并力争形成资本优势。同时,企业应加大本地化发展的力度,雇用东道国当地劳动力,完成技术含量相对较低的基建环节。

在中国快速工业化的同时,"一带一路"沿线的大量发展中国家也需要以工业化和城市化的"两轮"共同驱动经济发展,为参与该进程的企业创造巨大空间。一般而言,如果一国规划的发展模式恰当,伴随着消费需求的升级,此类基础设施建设的需求可以持续数十年。为支撑工业化的进程,许多国家在工业(制造业)生产设施建造、能源、化工、工业三废处理等方面需求旺盛;为支撑城市化的发展,与城市产业生产、居民生活布局、交通出行和日益升级的消费需求保障相关的基础设施建设需求旺盛。中国工程承包企业在参与相关业务中,需要坚持"质量第一"的原则,以较高标准规范项目设计和实施,为基础设施使用者提供高水平的设施,并预留进一步发展的基础设施升级接口。

要正确处理多元化和专业化发展的关系,在提升竞争力的同时,做好中国对外承包工程企业在"一带一路"沿线市场发展中的协调,避免造成恶性竞争,维护整体的利益。与多元化相比,专业化更为难得。在传统领域具备较强工程施工能力的中国对外承包工程企业还应积极关注新兴领域,对于包括危险废弃物处置、环境污染治理、碳捕捉、绿色可持续工程建造、可再生能源等中国企业涉足较少的"蓝海"领域,应加大关注和参与力度。此类领域的服务提供者较少,而工业化的发展可能创造更大需求,能够满足需求的企业因此可以获得相对更高的利润。中国企业可以加大新技术研发投入的力度,或者通过跨国并购等方式获得此类新技术的应用能力。[58]

"一带一路"关键词

# 电力设备业

"一带一路"不仅可以解决中国产能过剩、需求不足的矛盾,而且可以通过参与沿线国家的交通、电力、通信等基础设施规划,在国际范围内扩大中国影响,实现"中国梦"。2015年1月5日,李克强总理在走访广东省电力设计研究院时提出,要消化国内过剩产能,实现电力设备"走出去"的目标。

《电气时代》刊文指出,从受益行业的选择来看,电力工业是国民经济发展中最重要的基础能源产业,是关系国计民生的基础产业,世界各国在经济战略中都将其列为优先发展产业。中国在推进"一带一路"战略中,也需要优先将其推向世界。

基础建设是"一带一路"的重要环节,而电网建设又是基础建设的先导。从权威部门的预测来看,2030年,世界人均能源消费量将达到2.9 tce(1t 标准煤当量),其中经济合作与发展组织(OECD)国家人均能源消费量将达到5.8 tce;非OECD国家人均能源消费量将达到2.6 tce。在非OECD国家中,中东国家的人均能源消费量将快速增长,2030年将超过OECD国家。同时,发展中国家电力需求增长速度高于发达国家。据估算,印度年均用电增长速度将达到5.7%,位居全球之首。中亚五国的用电量也在不断增长,这些国家虽拥有丰富的水利、煤炭等发电资源,但它们的水利、煤炭资源开发率很低,建设大型电源基地、向外输电的潜力非常巨大。

中国的电力设备企业在国内长期、大规模的电网建设过程中，积累了丰富的经验，储备了大量技术，而且有着明显的价格优势，具备了和国外传统电力设备公司竞争的条件。尤为重要的是，"丝绸之路经济带"上的大部分国家都有迫切的电网建设需求，但是本国却没有强势的电力设备制造企业，这给技术与经验领先的中国电力设备企业带来了可观的商机。中国电力企业应该主动地、积极地参与到"一带一路"中去，主动出击，寻找与"一带一路"沿线国家的合作机会。这种合作可以是与沿线国家电力企业的合作，也可以是主动与所在国地方政府的合作，还可以主动联系所在国的电力主管部门、能源主管部门进行合作。[59]

## 专用汽车业

虽然"一带一路"战略的重点发展领域集中在基础建设、高端装备、资源、交通、物流、商贸、农业、金融等方面，但其他行业，特别是相关支撑性行业也面临着巨大商机。专用汽车行业即是其中之一。《重型汽车》杂志专门就此刊文进行了预测。

第一，随着"一带一路"重点基础设施建设工作的开展，大量的专用车辆将用于道路、港口、机场、建筑、能源开采等各种工程之中，专用车也将越来越大地发挥出不可替代的作用。在基础设施建设过程中，所需的专用车辆主要有：工程机械类（挖掘机、装载机、起重机、压路机、混凝土搅拌车、混凝土泵车、混凝土拖泵、铲车、矿车、冶金机械、矿山机械、装卸机械、工矿车辆、铲土运输机

## "一带一路"关键词

械、压实机械、混凝土机械、石油钻采机械、炼油机械、化工机械)、散装水泥车、工程专用改装车辆、特种装载车辆、高空作业车、电力工程抢险车、移动电源车、夜间照明车、移动通信车、电力施工车、工程爆破器材运输车、机场专用车等。

第二,随着"一带一路"战略的持续实施,互联互通、四通八达的交通,将在大空间内打破区域的限制,对中国卡车、物流两大行业具有长期拉动作用,届时用于长距离运输的重型专用车与用于短途分拨送货的专用车和厢式货车或将迎来新一轮发展机遇。

第三,"一带一路"将助推中国同俄罗斯、中东、东欧等国家未来在油气领域进行广泛深入的合作。近年来,中俄天然气合作意向明显,受天然气行业利好前景影响,生产制造天然气运、储、用等相关设备企业将迎来发展的新局面。预计到2016年,中国国内天然气产能将增长约七成,进口天然气亦将翻番。另外,中国的油气资源、矿产资源对国外的依存度较高,这些资源主要通过沿海海路进入中国,渠道较为单一。"一带一路"新增了大量有效的陆路资源进入通道,对于资源获取的多样化十分重要。如此,就会使一部分海路运输变为陆路运输,增加了对公路车的需求量。所以,用于长短途油气运输的油罐车、化工液体运输车、液化气运输车有着广阔的发展前景。

第四,"一带一路"战略明确提出将农业纳入合作框架,届时中国沿海地区与内陆地区以及中国与相关成员国家将在农副产品、可供食用的果实、水产品、畜牧产品等方面进行大量的商务往来。这就将为重、中、轻型冷藏保温车的发展带来广阔的发展机遇。另外,特别是随着生鲜电子商务的跨境发展,为了"解决好最后一公里"的问题,天猫、京东、1号店、苏宁易购、顺丰优选、莩鸟、獐子岛等一线电商全面进军生鲜农产品市场,跨境生鲜物流、国内冷宅配的配送模式、O2O线上线下销售模式更是越来越受到"80后""90后"青年们的青睐。在不久的将来,不同国家的冷鲜产品进入寻常百姓家将会成为一种常态。到时候,进行长途运输的重型冷藏车与进行分拨和短途运输的轻微型冷藏保温车、蔬菜直通车市场将会迎来爆发期。⑩

## 旅游业

无论是贯通西北地区的陆上丝绸之路,还是连接南部海疆的海上丝绸之路,自古至今都充满了神秘色彩和异域风情,吸引着来自五湖四海的游客的目光。

《北京青年报》刊文指出,丝绸之路上汇聚了世界上最精华的旅游资源,沿线分布着80%的世界文化遗产,被视为世界上最具活力和潜力的黄金旅游之路。据国家旅游局预测,"十三五"期间,中国将为"一带一路"沿线国家输送1.5亿人次游客、2000亿美元旅游消费,同时将吸引沿线国家8500万人次来华旅游,拉动旅游消费约1100亿美元。

"一带一路"战略的提出,让"丝路之旅"超越了旅游产品、旅游线路的简单范畴,赋予了旅游业促进跨区域融合的新理念。它可以带来设施互通、经济合作、人员往来、文化交融,是一种更高形式的旅游事业。

对于普通老百姓而言,"一带一路"还能带来一些看得见、摸得

## "一带一路"关键词

着、实实在在的利益。首先,它可以让老百姓坐着高铁去欧洲。"世界很大,我想去看看",但这种美好的愿望往往在遥远的路途前变得遥不可及。地球这个大花园实在太大了,在一个景点游玩往往要耗太多的时间。"一带一路"战略规划的中欧高铁项目可以解决世界太大、路途太远、耗时太久的问题。目前,通往欧洲的货车已经畅行无阻,高铁建设只需要依托货运铁路展开即可。所以,未来任何一个普通群众都可以乘坐高铁去欧洲看红场、看柏林墙、看凯旋门。其次,它让老百姓"说走就走"的出国旅行成为可能。随着"一带一路"建设的逐步展开,沿线各国也将签署合作备忘录,简化民众的签证手续,这将极大地促进入境旅游和出境旅游。商务部国际贸易经济合作研究院国际市场部副主任白明表示,今后通过免签证或简化签证手续,会有更多特色化、个性化旅游线路等着人们去旅行。最后,它让更多丝绸之路特色旅游项目成为可能。国家旅游局于 2014 年 12 月完成了《丝绸之路经济带和 21 世纪海上丝绸之路旅游合作发展战略规划》。中国处于"一带一路"上的省、自治区、直辖市在"一带一路"战略甫一提出,就率先作了"丝路旅游"的发展布局,以"丝绸之路"为主题的旅游节庆、旅游营销大幅增多。

从国外来看,"一带一路"沿线国家在获悉中国的"一带一路"战略之后,无论是东南亚、南亚还是中亚、东北亚国家,都纷纷开始以"丝绸之路"为卖点吸引中国游客。在不久的将来,民众奔赴"丝绸之路旅游带"赏景,旅游企业前往"一带一路"沿线国家驻点,将成为中国旅游业的常态。[61]

# 第五篇
不同产业如何参与到"一带一路"中去?

## 光伏产业

近年来,中国光伏产业在国际市场备受煎熬。从2011年起,美国、欧盟相继对中国光伏产业启动反倾销和反补贴的"双反"调查,加之光伏产品供需失衡、产业发展无序,中国光伏产业遭受了严重打击,2012年甚至出现了全行业尽亏的可怕局面。

随着"一带一路"战略的推开,中国光伏产业终于盼来了产业发展的"曙光"。借助"一带一路"建设的契机,中国光伏产业摆脱欧美市场"双反"困局有了可靠的出路。

在2015年4月15日的第117届"广交会"上,中国光伏产品就受到了"一带一路"沿线国家的青睐,沙特阿拉伯、阿联酋、卡塔尔、东南亚诸国对双玻无框组件、光伏发电设备等兴趣浓厚。巴基斯坦已经开始大规模引进中国的光伏发电设备,以解决自身的能源短缺问题。中国已经有一批一线光伏厂商进驻巴基斯坦。与此同时,巴基斯坦为了解决能源短缺、电力不足问题,由中央政府出面,出台了光伏电站项目补贴政策,大力规划布局光伏工业园,这也给中国光伏企业参与该国建设提供了机遇。

事实上,不仅仅是在巴基斯坦,"一带一路"沿线国家几乎都有类似的需求。近年来,欧美光伏市场逐渐饱和、萎缩,而"一带一路"沿线国家却属于亟待开垦的沃土,这正好可以弥补中国光伏企业在欧美市场上的销量不足,让它们把重心从欧美市场向"一带一路"沿线国家转移。实际上,在"一带一路"沿线国家设厂还可以突

# "一带一路"关键词

破欧美国家"双反"的围堵,让欧美国家认识到这些产品并非中国政府补贴的"无成本"产品。

实际上,国内企业也早已有所动作。作为能源建设的重要支撑,2014年11月14日,国网新疆电力公司召开750千伏电网建设指挥部第一次会议,正式启动新疆750千伏主网架建设工程,要求确保2015年年底基本建成750千伏主网架。

航禹太阳能执行董事丁文磊称,在太阳能光伏发电上,新疆具有得天独厚的优势。"新疆的日照可以达到1800小时/年—1900小时/年。这几乎是全国最好的条件。企业层面,仅光伏领域目前就有顺风光电、保利协鑫等行业龙头着手在新疆布局。"以保利协鑫为例,该公司是全球最大规模的多晶硅企业,2015年将建成10万吨改良西门子法和硅烷流化床法多晶硅产能;同时,它还拥有13吉瓦的高效硅片产能,多晶硅和硅片全球市场占有率在25%和30%的基础上不断提升。该公司产品除主要供应国内太阳能产业外,还占领了中国台湾地区近一半市场,并开始延伸到日本市场;同时,配合中国光伏企业"走出去",跟进泰国、印度等市场的高效硅片供应。

保利协鑫以光伏原料产业为切入点,在利用亚太自贸区政策,参与东盟国家海上丝绸之路建设中大有可为。例如,它可利用自己在美国及南非投资光伏发电项目以及在越南、印尼建设常规电力项目的经验,拓展在东南亚国家投资光伏电站项目和可再生能源电力项目。目前,该公司旗下港股上市公司协鑫新能源正致力于光伏电站投资,而协鑫电力正致力于可再生能源电力项目投资并已经在泰国、印尼等地进行了项目开发。[02]

## 中医药业

中国医药保健品进出口商会发布的数据显示,自 2014 年开始,中国中药类产品出口持续走强,出口总额达到 35.92 亿美元,同比增长 14.49%。出现这样的可喜现象,原因就在于在此期间,中国开始了"一带一路"的建设工作,中医药产业搭上了"一带一路"的"顺风车"。

"一带一路"沿线国家与中国自古就有着大量的物品交流、医学医术交流。与欧美国家对中医、中药的抵触不同,这些国家普遍懂得中医、中药的价值。正是基于这种判断,国家卫生计生委副主任、国家中医药管理局局长王国强特别指出,"一带一路"建设是国家实施全方位对外开放的总抓手和新引擎,也是中医药"走出去"的重大机遇。

世界中医药学会联合会副秘书长黄建银认为,"一带一路"本身就是中国应对国际格局变化的一种新思维,一个推动国际合作以及全球治理的新思路、新模式,也是组织中医药海外发展的新思维、新思路。从"经贸通道"角度看,"一带一路"建设将会带动中医药产品贸易和服务贸易发展。中医药海外发展及其经贸之路也需要"文明互鉴",需要用"整合思维"来推动。从"文明互鉴"角度看,中医药海外发展有助于重构文明互鉴的全球价值体系,而中医药文化价值观的传播与推广又会进一步促进中医药海外传播与发展的深度与广度。

### "一带一路"关键词

"一带一路"合作倡议的目的之一就是使中国等发展中国家能够在国际经贸活动的规则制订中,尤其是在中国具有特色和优势的领域努力争取更多的正当权益。关于如何推动中医药的海外发展,黄建银认为,"一带一路"合作倡议,对于中医药海外发展来说,就是秉持开放的区域合作精神,通过与沿线各国开展"国内规制"和"市场准入"的医药卫生政策协调,携手推动沿线国家在更大范围内、更高水平和更深层次上的开放、交流、融合,如在目前已经形成的自由贸易区的基础上,打造"一带一路"横跨亚欧非的国际区域性传统医药合作圈,通过自由贸易协定协调机制逐步解决中医药海外发展的学历认可、执业资格、药品注册、开业权、保险资格、知识产权保护等一系列法律法规和政策管理问题。

目前,甘肃、云南两省已经行动起来并推出了中医、中药融入"一带一路"的具体战略。甘肃省已经在药材原产地标准、标准化种植、中药配方颗粒生产、药膳推广应用、普及应用电子商务、中医药养生保健旅游产业等方面开展了先行先试工作,并开始尝试发展中医药服务贸易。其他地区可以向它们学习,那些不处于"一带一路"经济带上的省份也可以根据自己的中医药优势,拓展沿海中药、药材贸易,并通过文化先行、以医带药等形式带动中医药走向世界。[63]

## 林业

北京林业大学陈宝栋教授等林业专家指出,全球金融危机的爆发给林业产业带来了较大冲击,原材料价格飞速上涨,劳动力成本快速提高,原料合法成本不断增加,这些都使得中国以加工贸易为主的林产品贸易发展举步维艰,转型成为中国林业企业"活下去"的唯一出路。"一带一路"战略的适时提出,正好给中国林业产业提供了新的机遇。

"一带一路"沿线大多是发展中国家,它们拥有良好的森林资源,但林业产业发展相对滞后,中国林业产业在这些国家投资更容易形成"小规模技术优势"。不仅如此,这些国家市场潜力巨大,具有承接中国林业产业外移的优势。截至 2015 年初,中国已经与印度、俄罗斯、柬埔寨、波兰、新加坡等"一带一路"沿线国家先后签署了跨境河流、防洪、森林、湿地以及野生动物保护方面的合作协议和备忘录,这为中国林业产业"走出去"奠定了良好的政策基础。

林业产业的"走出去"战略还会大大地带动中国林业机械设备的对外输出,从而推动中国林产品贸易由劳动力密集型向资本密集型升级;同时,这也会刺激东道国对中国林业技术、设计、运输、信息等林业服务的进一步需求,将直接促进中国林业服务贸易的发展。

抓住"一带一路"的机遇,林业贸易企业寻求转型发展不仅是对旧有模式的反思和抛弃,更是对林业产业未来发展的谋划和探索。然而,成功实现发展转型并非易事,需要在人才、技术以及制度方面作积极的准备。

从林产品贸易发展来讲,最关键、最需要的是技术人才,尤其是创新型技术人才。目前,中国木材加工企业的工作主体是农民工。对大多数林业企业来说,技术研发部门的规模太小,甚至缺失技术研发部门,这就导致了中低端产能严重过剩,高端产能几乎完全依赖进口的"两难困境"。因此,规范市场环境,建立激励创新、保护知识产权的市场氛围,为技术人才的生存和发展营造良好环境,是林业企业抓住"一带一路"机遇转型升级的关键所在。

在经济新常态下,技术进步、技术创新成为推动林业产业发展的重要力量。林业企业不但要引进新技术,还要消化吸收,并结合企业自身的实际,进行"中国化"或"本土化"改造。在当前的战略环境下,林业企业正好可以利用"一带一路"提供的机遇,把生产技术、加工工艺、生产流程改造、管理经验总结等提到更为重要的地位。

很多企业在海外经历过的惨痛教训,往往是由于对风险估计不够,对当地工会、文化冲突了解不够,没有相应制度的规范与保障。中国林业企业在参与"一带一路"建设中,要从一开始就避免重蹈覆辙,从文化、制度上规范企业的责任义务。尤其是在走向"一带一路"沿线国家的过程中,中国林业企业一定要入乡随俗,注意社会责任、环境保护、公益事业、企业形象、教育培训等问题。[64]

## 网络朋友圈

约瑟夫·奈曾强调,当前权力正在发生两种类型的改变:一是权力在国家之间的转移,二是从国家与正式机构向非国家的行为者、网络空间扩散。不断兴起的移动互联和社交媒体,将在未来成为发挥影响力的主要方式。

早在上一轮通信手段革命方兴未艾的时候,英国外交大臣安东尼·伊登就指出:"毫不夸张地说,如果忽略了现代技术条件所赋予的手段,不用这些手段进行解释和说服任务,即使再高明的外交政策也会遭遇失败。"

在推进"一带一路"战略的过程中,我们也要充分利用现代技术手段,特别要利用互联网技术,构建中国发挥软实力的"朋友圈""信息圈"。瞭望智库研究员吴亮、史晨指出:

首先,可以建立针对"一带一路"沿线国家的民意调查系统。美国智库皮尤的"全球态度项目"、芝加哥全球事务委员会对全球性议题的系列民意调查都是这方面的佼佼者。新兴国家也开始出现类似的本土研究项目,用以掌握各阶层、各年龄段的民众对国际关系、别国形象的第一手数据。例如,拉美本土民意机构"拉美晴雨表"每年发布拉美国家人民对其他国家的欢迎程度。"拉美晴雨表"2009年的调查数据显示,美国在拉美民众中的受欢迎程度最高(74%),欧盟与日本的受欢迎程度不相上下(63%),中国的受欢迎程度仅有58%。我们也需要利用网络技术开发类似的民意调查项目,用以了解"一带一路"沿线国家民众对中国人、中国产品、中国服务的具体态度。

其次,可以考虑设置以"一带一路"沿线各国社会精英为对象的"新丝路网络传媒平台",在其上展示财经、旅游、环境、城市及文化议题,为各国提供一个超越西方视野的跨国资讯和观念传播分享平台。在这方面,可以考虑动员阿里巴巴、腾讯、搜狐、新浪等大型通信公司参与其中。

"一带一路"关键词

在"一带一路"沿线,大量分布着岛屿国家和山地国家,在这些国家发展通信事业受到自然环境、运行成本的严重束缚,这正好给无线网络、无线通信提供了机遇。目前,中国电信和互联网企业在无线领域已经实现了"后发制人",具有相当大的竞争优势。例如,在印度尼西亚这个"千岛之国",中国电信和互联网企业就通过无线网技术开拓了相当大的市场。目前,"微信"等中国本土 APP 已经成功实现了后来居上,其用户数量大大超过欧、美、日的 Facebook Chat、Line 等聊天工具。

"一路"沿线的东南亚国家有着数量众多的华人华侨。近年来,中国的"微信"平台在这些国家已经基本普及,也有很多人晒"朋友圈",这使得大量拥有共同的历史文化基因却在地理上被隔离的人被组织到一个巨大的虚拟社区之中。如果我们通过"微信"设置合理的议题,就能有效地将他们组织起来,形成中国开拓"一带一路"事业的"朋友圈"。⑥

## 金融业

当前,中国经济业已进入新常态发展阶段。中国邮政储蓄银行战略发展部赵志刚认为,社会主义经济新常态的内涵不仅体现出市场经济运行的客观规律,更体现出优化结构、稳定增长、政府顶层设计的战略意义。基于顶层设计而实施的"一带一路"战略对于解决产能过剩问题、优化经济结构和行业布局、拓宽国家战略空间、促进区域稳定繁荣、推动全球经济发展具有重大意义。据统计,2010—2013年,"一带一路"地区对全球经济增长的贡献率达到了41.2%。随着"一带一路"战略的进一步落实,该区域对世界经济的带动作用还将进一步增强。金融作为现代经济的引擎,也必将成为"一带一路"经济带发展的先导。

从融资需求角度看,"一带一路"战略的实施,有利于促进基础设施、装备制造等产能过剩行业重组和优化,这将大幅度地刺激新产业、新业态、新技术和新商业模式加快发展。这种发展首先需要进行大范围、大规模的融资。在融资过程中,包括银行在内的各类金融机构正好可以发挥自身的优势。受经济发展水平和经济发展差异化的制约,目前"一带一路"沿线多数国家的基础设施建设还存在"联而不通,通而不畅"的问题,必须进行建设和改造。在"一带一路"战略带动下,中国对外直接投资将出现爆发式增长,这种资金缺口也只能依靠国内的银行、信托、金融租赁等金融行业解决。

中国与"一带一路"沿途各国经济资源、产业结构互补性强,随着区域一体化、贸易自由化进程的推进,双方在农业、工业、能源、科技等众多领域开展贸易合作的前景广阔。根据相关测算,未来十年,中国与"一带一路"沿线国家的年均贸易增长率将为20%—30%,其中蕴含着海量的贸易融资需求。相对于"一带一路"沿线各国,中国商业银行在贸易融资方面具备领先优势,可通过提供出口信贷、服务贸易项下的融资、成套设备信保融资、跨境供应链金融等服务,迅速抢占国际市场,改善信贷资产结构,对冲国内经济增速换挡和利率市场化带来的不利影响。

另外,从金融国际化、结算国际化的角度看,虽然当前"一带一路"沿线国家的大宗商品开采、运输和销售都使用美元支付和清算,但是美国经常根据自己单方面的利益制定货币政策,严重影响"一带一路"沿线国家交易的稳定性、可靠性。为了改变这种状况,"一带一路"沿线国家都在不同程度上表达了将人民币国际化,以人民币结算的意向,这为人民币成为国际货币提供了非常大的机遇。⑩

## 民营企业

对于民营企业来说,"一带一路"既是机遇,也是挑战,还有困难。资金困难是典型的困难,既来自于缺钱花,也来自于钱没处花。

为了解决民间资本没处花的问题,2014 年 7 月,中国银监会批复了几个试点民营银行的筹建工作,这给参与"海上丝绸之路"商业项目的民间资本树立了很大的信心。比如,已经联合筹建的海上丝绸之路银行就是在相关部门的指导下开始运作的。海上丝绸之路投资基金管理中心是海上丝绸之路银行筹建的主要参与机构。海上丝绸之路银行的拟注册资金也将在原来 50 亿元人民币的基础上进一步追加。目前,多个东盟国家表示将参与该银行筹建。

海上丝绸之路银行是国内唯一一家代表国家进行对外投资的民营银行。海上丝绸之路投资基金管理中心已明确参与"一带一路"项目建设的首批规划。目前,该中心计划私募 1000 亿元人民币投向"海上丝绸之路"沿线沿岸国家、地区、城市和企业。

此外,地方版"丝路基金"也在酝酿之中。现在已有不少地方政府响应"一带一路"发展战略,尝试成立其他类型的基金。在未来,丝路基金和亚投行都将通过市场化运作方式,吸引社会资本共同参与"一带一路"项目建设,提高投融资效率。

这种民营银行和民间资本参与的复合基金的出现,大大增加了民间资本参与"一带一路"建设的机会,使得民间资本能够合理、合法地进入"一带一路"战略,让普通民众能够在"一带一路"建设中"分一杯羹"。这实际上也是一种让利于民的措施,有利于实现"共同富裕"和"利益均沾",有利于人民群众分享改革成果。

另一方面,融资难是不少民营企业面临的一个困难,为民营企业参与"一带一路"建设开辟多元化的投融资渠道是一个重要的现实问题。历史和现实证明,没有强大的金融力量,各方面,特别是民营企业很难"走出去",多渠道投融资支持是项目落地的关键因素,也是"一带一路"建设的重要保障。全国政协常委、正泰集团董事长南存辉在接受《21世纪经济报道》记者专访时指出,现阶段,开辟民营企业多元化投融资渠道,可以从三个方面着手:

第一,要加强金融支持,推动民企产业资本与金融资本有效衔接。加快金融系统服务改革,把巨大的国家外汇储备的使用和"一带一路"建设结合起来。丝路基金和亚投行要创新信贷机制,对民营企业给予政策性融资支持,帮助解决资金短缺和投资目的地跨境支付等问题。

第二,要鼓励支持民营企业资本组建"巨人式"联合投资机构参与"一带一路"建设。推动建立民营企业联合投资机构(如"中民投""浙民投"),允许并支持它们参与"一带一路"相关重大基础设施投资及海外并购。

第三,要积极探索建立"一带一路"股权投资基金。采取由政府牵头,金融机构跟进,民间资本参与的方式,探索建立股权投资基金、风险投资基金、中小企业海外投资基金等融资平台,努力形成层次多样、形式丰富的海外投资发展基金体系,把分散在民间的大量现金转化为资本。⑰

## 金融政策

金融支持"一带一路"建设是一项系统工程,既要发挥好市场在金融资源配置中的基础性、决定性作用,政府也要做好顶层设计,从体制、机制上推进金融创新,应对好"一带一路"战略实施中的金融需求。中国邮政储蓄银行战略发展部赵志刚指出,这需要从壮大开发性金融、完善多元筹资机制、发展跨境保险、推进人民币国际化、加强国际金融合作、加强区域金融监管、促进金融机构双向进入、强化多边金融机构、建立区域金融安全保障机制、夯实国家金融安全保障基础、强化企业金融风险抵御能力等方面着手。

开发性金融是介于政策性金融和商业性金融之间的金融形态,在实现政府与市场两种机制的有效连接、克服"政府失灵"和"市场失灵"方面有其独特优势。"一带一路"中的基础设施项目大多带有公共产品属性,社会效用较高,但投资周期长、经济收益偏

## 第五篇
不同产业如何参与到"一带一路"中去?

低,需要发挥开发性金融的主要力量。这就需要加大开发性金融机构的资本金补充力度,进一步完善国家开发银行、中国进出口银行等开发性金融机构的资本金补充机制,利用外汇储备充实资本金,提高以上缴税收、利润作为资本金再投入的比例;同时,还要以定向宽松、税收优惠等手段,鼓励商业银行与国内、国际开发性金融机构紧密合作,采用银团贷款、委托贷款等方式,支持"一带一路"基础设施项目投资。

"一带一路"战略的资金需求量巨大,政府难以包打天下,必须创新筹资机制,鼓励社会多元化投资。一是要鼓励民间资本参与"一带一路"信贷项目。完善民营资本参与海上丝绸之路银行的收益分配机制,进一步激发民营资本的参与热情。结合混合所有制改革,发展以民营资本为主导的"一带一路"股权投资基金。二是要加快"PPP""BOT"等投融资模式的配套制度建设。尽快明确"PPP""BOT"模式的合规性,择机将其提升到立法层次,并适度给予税收减免和财政补贴。在"一带一路"的重要节点上,由规划部门和相关管理部门有意识地设计多个"PPP""BOT"创新方案,尽快进入招标实际操作,发挥范本的引领带动作用。三是要吸纳境内外资金支持战略开发项目。充分依托政府信用,向境内外金融市场发行"一带一路"战略专项债券,引导外汇储备、社保、保险、主权财富基金等参与"一带一路"投资。

中国跨境保险发展相对薄弱,承担跨境保险特别是投资保险的机构较为单一,对跨境产业、贸易和投资合作的支撑和保护能力不足,需尽快补齐短板。首先,要大力发展出口信用保险和海外投资保险。拓展出口信用保险的业务范围,特别是要发展中长期业务。改善现有海外投资保险的制度设计和运行,指导有关金融机构开发外汇保险、海外无捆绑贷款保险等新产品。其次,要引导商业保险公司开展与海外投资有关的人身和财产保险。鼓励商业保险公司在沿线国家建立分支机构或者与本地保险公司开展合作,为中国海外合作项目提供财产保险、责任保险等保障。最后,要鼓励保险公司与银行开展合作。在银行发挥积极作用的地区,都要安排保险公司介入,提供相应服务,以充分满足多样化的金融需求。

"一带一路"在给沿线国家带来经贸合作新机遇的同时,也给人民币国际化注入了新动力。一方面,要扩大中国与"一带一路"沿线国家本币互换的规模和范围。完善人民币跨境支付和清算体系,加快人民币跨境支付系统建设,扩容人民币跨境贸易结算试点机构。大力培育人民币离岸市场发展,进一步加强金融基础设施建设,充分利用自贸区、沿边金融综合改革试验区等推动跨境人民币业务创新。考虑为有需要的国家建立人民币清算行安排,以便利各国相关机构进入中国银行间债券市场。另一方面,要支持境内外机构和个人使用人民币进行跨境直接投融资。稳步推进资本项目开放,放宽金融机构跨境贷款审批。鼓励境内外银行为跨境项目提供人民币贷款,引导更多的沿线国家政府和机构在香港等离岸市场发行人民币债券,优先允许重点拓展的沿线国家在中国境内发行人民币债券。

"一带一路"战略涉及数十个国家和地区,包含多样化的金融市场环境和制度安排,仅靠单边努力难以发挥协同作用、应对风险挑战,必须建立健全多边金融合作机制。这一合作机制的架构不仅顺应了国际金融危机后金融区域化发展的客观现状,更奠定了中国金融国际化的坚实基础。

要以东亚及太平洋中央银行行长会议组织、东盟与中日韩(10+3)金融合作机制等为主要载体,从多边合作入手,逐步建立"一带一路"区域金融监管合作机制。一是要强化区域监管当局间的协调一致。进一步加强与"一带一路"沿线国家监管当局间的沟通互动,扩大信息共享范围,提升在重大问题上的政策协调性和监管一致性,逐步在区域内建立高效监管协调机制。二是要构建区域性金融风险预警体系。实现对"一带一路"区域内各类金融风险的有效分析、监测和预警,及时发现风险隐患,确保区域金融安全稳健运行。三是要形成应对跨境风险和危机处置的交流合作机制。完善共同应对风险和处置危机的制度安排,协调各方的行动,共同维护区域金融稳定。

推动中国与"一带一路"沿线国家金融机构互相设立跨境分支机构,提高沿线国家的金融一体化程度。一方面,鼓励国内金融机构"走出去",通过在沿线国家设立银行分支机构,配合装备产能输出,增进对当地经济金融环境、投融资政策的了解,与当地金融机构开展银团贷款、并购债券、融资代理等金融合作,以银行的跨境一体化经营服务于跨境产业链。另一方面,欢迎沿线国家金融机构"走进来"。沿线国家金融机构来华设立分支机构,将为中国企业利用其海外丰富的网点资源和地缘优势"走出去"提供直接触点,为跨境商业合作提供跨境结算、资金池、内保外贷等金融服务,丰富中国跨境金融支持载体。

成立多边金融机构是促进区域金融合作的重要手段。中国已

## "一带一路"关键词

牵头筹建亚投行和丝路基金,旨在以共同出资、共同受益的多边金融合作方式,向"一带一路"沿线国家和地区的基础设施、资源开发、产业合作等有关项目提供投资金支持。国际金融机构正式运作后,要充分发挥其在金融支持"一带一路"战略中的领军作用,重点是撬动各国、各界资本共同参与。首先,充分发挥中国政府的影响力和信用背书作用,吸纳成员国乃至全球资本。其次,持续扩大业务范围,提升服务价值,强化协调能力,以丰厚回报凝聚各国金融资源。最后,保持开放、包容、公平的市场化运作模式,增强自身信誉,稳定资金来源。

随着区域经济合作的深入,金融安全面临的挑战和压力加大,有必要在宏观和微观两个层面,建立一套更加有效的金融安全保障机制,抵御要素波动和信息不对称带来的各类金融风险,维护良好的投融资环境。

随着金融开放进程加速,根据"三元悖论",货币政策的独立性、汇率的稳定性、资本的流动性之间的矛盾加大,外部金融风险可能更迅速、更直接地冲击中国的金融安全。因此,必须尽快提升国家金融安全保障能力。第一,进一步理顺金融要素价格市场形成机制。有效的价格体系是压缩套利空间和防范外部冲击的必要条件,要逐步推进利率市场化进程,以 Shibor 为完善基准利率的形成机制和传导机制的支点,拓展利率市场改革的深度和广度。第二,完善国家金融风险预警体系。紧密跟踪国际金融形势变化,设立国际游资的预警体系和机制,对金融风险进行分类分级综合管理,制订国家应对突发性金融风险的处理预案。第三,牵头区域成员国共同成立金融稳定基金。发起建立金融风险国别援助机制,减缓金融风险蔓延、加剧,确保区域成员国金融安全。

在海外投资和产能输出过程中,要不断提升企业抵御金融风险的能力。首先,完善企业金融风险管理体系。引导企业加快构建对外投资金融风险控制和防范机制,建设境内外机构的全球统一风险管理平台,实现境内外风险战略的统一、政策制度的统一、风险计量的统一以及风险评估的统一。其次,发起海外投资风险补偿基金。按照"政府引导、市场运作、利益共享、风险共担"的原则,针对海外投资风险特点,设立援助性基金,提升企业海外投资风险的缓释能力。最后,加强金融风险信息服务和咨询服务。商务部、中国人民银行等政府部门和相关社会专业咨询机构要充分利用其经济信息资源优势、专业能力,为企业提供海外投资金融风险信息服务和解决方案。[68]

## 金融人才

丝路经济的发展离不开各国之间的贸易与分工合作,而信用和货币是支撑贸易发展的重要基础,"一带一路"的建设和发展将更多依赖金融这一载体进行。因此,金融人才问题是国家和社会各界在"一带一路"建设中必须引起高度重视的问题。上海社会科学院城市与人口发展研究所所长郁鸿胜经过长期研究认为,金融人才,特别是泛金融人才在"一带一路""五通"中非常重要。他的论证是从国家发展战略体系下人才环境建设开始的。

**"一带一路"关键词**

郁鸿胜指出,当前我们国家至少有三个大发展战略,一个是京津冀战略,一个是长江经济带战略,一个是"一带一路"战略。"21世纪海上丝绸之路"和"丝绸之路经济带"是一个开放战略,迎合了现在的大主题,也即扩大改革开放的问题。"一带一路"在中国是第三次改革开放,第一次是邓小平同志在深圳建特区,第二次是WTO,这次是"一带一路"。这次的"一带一路"和前两次改革开放在形式和内容上是有区别的。

郁鸿胜认为,前两次改革开放是引进外资,现在金融人才环境的塑造是在外资进来之后。在此情况下,我们应当在认真了解并应用好外资的前提下"走出去":人民币要走出去,产能要走出去,资金要走出去。实际上,"一带一路"就是一项影响深远的"走出去"战略。在"一带一路"建设的三个阶段,金融人才可以应对不同的需求。

郁鸿胜继续指出,第一个步骤是针对TPP、TTIP、单边和双边的国际贸易谈判。今后跟国际上单边国家谈自由贸易区问题,必须了解当地的金融政策。因为"一带一路"牵扯到包括12个陆地国家和53个海洋国家在内的将近65个国家,不可能在65个国家都建立主导区,所以必须建立驿站城市。这些驿站城市至少要建10到20个。对这些国家和城市的经济政策和资金政策融合问题,需要专业的金融人才。驿站城市建完之后,要建开发区,不论是国家级的开发区,还是国家级的产业园区,都应定位于工业产业,定位于金融产业。这是"一带一路"建设的第二步。第三步就是要建项目。有了开发区之后,必然要建项目。根据目前的统计,"一带一路"战略至少有几千个项目要上,这些项目能不能上、什么时候上,不能凭经验和直觉决定，需要分析。在这些项目中，重点是基础设施项目，基础设施项目现在能够排出来的就有 170 多项。同时，大量的专家学者和国家部委正在讨论的项目也有三四百个，这些项目理论上都需要大量资金的投入。如果在 65 个国家中，每个国家上 1—3 个基础设施投资项目，那就有近 200—300 个项目要上。有专家测算过，这些项目的花费是 8000 亿美元一年，5 年也就是 4 万亿美元。也有人计算过，国开行加亚投行，加私募基金，加国务院扶贫基金，在一块是 2200 亿美元，还有外汇储备的钱也要"走出去"。要让这些钱正常"走出去"，都需要大量泛金融人才。因此，在国家对"一带一路"实行"五通"，也即政策沟通、设施联通、贸易畅通、资金融通、民心相通过程中，主要靠人才，靠大量金融人才，尤其是泛金融人才。[69]

## 农业工程新模式

过去十多年，尽管境外农业工程项目实现了高速增长，但仍然无法满足国际上对农业产业发展的巨大需求。同时，境外农业工程的实施与运营还面临着诸多风险。例如，农产品种植项目中，不可控因素太多，农业项目整体周期过长，受自然风险影响较大。相比传统的工程项目，农业项目周期长的特点凸显出短期收益目标与长期经营之间的矛盾。

中联重科股份有限公司副总裁李江涛撰文指出，为解决现阶段存在的难题，中联重科提出了整体的模式设想，也准备把这种模

## "一带一路"关键词

式应用到"一带一路"建设中去,争取在"一带一路"沿线国家推动"整体模式"的应用。

简而言之,"整体模式"是一个"三阶段"运行过程:第一阶段,重点聚焦短期项目。它以工程承包商在国际上已有的资源优势和工程项目经验为基础,拓展土地垦荒、灌溉网建设和农机采购项目,快速实现项目收益。通过带动工程机械与农业机械出口,使设备供应商扎根当地,以社会经销和售后服务为载体,将该主体转化为具备在当地长期运营的企业主体。工程承包商则可通过短期项目获得收益,避免了传统农业工程项目周期长的风险。第二阶段,重点整合各方优势资源,为项目所在国打造新的经济增长点。它通过对项目所在国的农业领域进行深层开发,推进农业现代化必需的农业种植、农机作业、农产品流通等示范工程建设,将项目所在国的国家利益和人民利益紧密结合在一起,努力提升合作各方在项目所在国的影响力,并通过孵化出具有示范效应的农业项目,为中国承包商在项目所在国打造新的工程项目领域。第三阶段,全产业链的运营。它需要构建不依靠中国国内的业务经营能力,实现工程承包商在项目所在国的可持续发展。这是一种可持续发展能力,有利于促进工程承包商在国际范围内其他业务的开展。

在这种思路下,中联重科提供了三种合作的方案:第一,双方共同合作完成短期项目,使中联重科转化成在当地具有长期运营能力的主体,扎根当地。短期项目结束后,由中联重科进行第二、第三阶段的项目整合、推进。第二,在获得短期项目收益后,双方共同推进第二、三阶段。第三,承包商自己运营后续的农业生产,中联重科为工程承包商提供全套的农业机械。

这是一个既注重"活在当下"、赚取短期利益的经营模式,又是一个放眼长远、注重远期可持续收益的经营模式,它对中国农业企业、农产品企业参与"一带一路"建设有着较高的示范价值和引领作用。[20]

# 第六篇

# "一带一路"中的投资风险及规避

# 第六篇
## "一带一路"中的投资风险及规避

尽管"一带一路"上充满了机遇,铺满了鲜花,似乎"黄金遍地",但与任何一个商机一样,其中也不乏各种风险,甚至风险比机会更多。这就需要我们随时提高警惕,在面对各种机遇的同时,考虑到其后的风险。这种风险,既有经济上的,也有政治上的,还有文化、环境、社会上的。在规避投资风险时,我们一定要突破狭隘的就经济论经济的思路,把风险放在一个更宏大的系统中理解,这样才可能从根本上解决问题。

## 三大风险

对企业来说,防范风险甚至是比盈利更为重要的事情。对政府来说,防范风险可能是国际政治经济活动中的首要大事了。"一带一路"上的国家、宗教、文化各异,经济发展状况极不平衡,社会稳定状态也各不一样,需要防范的风险主要有三类,即安全风险、经营风险、制度风险。

### "一带一路"关键词

商务部国际贸易经济合作研究院研究员刘华芹指出，欧亚大陆是国际安全形势最为复杂的区域，大国在这一地区的角逐异常激烈。在可预见的未来，中东局势将依然动荡不定。北约撤离阿富汗后，中亚安全形势面临更多的不确定性，非传统安全问题将更加突出，恐怖活动与毒品走私问题也将更加猖獗。以"乌克兰事件"为代表的地缘政治冲突所引发的区域政治安全形势更加扑朔迷离，加之中亚大国面临领导人更迭，政局稳定存在诸多变数。这些都对"一带一路"区域的生产和贸易合作构成了巨大挑战，形成了巨大的安全风险。

"一带一路"涵盖的国家多为发展中国家和新兴经济体，经营环境相对动荡，投资风险比较高。世界经济论坛发布的《2015年全球营商环境报告》显示，在全球189个国家和地区中，中亚、南亚以及西亚主要国家均排在100名之后，生产、商贸环境都不太有利于开展投资活动。中国本土主权信用评级机构"大公"对"一带一路"区域的评价结果与这份报告的结论大同小异。从"大公"的报告来看，发展中国家面对着国际资本流动方向逆转、利率上调压力以及全球总需求持续低迷等不良环境，主权信用风险将持续增大。印度、印尼、巴西、阿根廷、埃及、南非、越南、土耳其、泰国、菲律宾、匈牙利等国家受外部环境剧变带来的冲击，其信用等级将受到极大冲击，甚至可能一路走低，这些国家的经营、投资风险将会非常严峻。

"一带一路"沿线国家的投资环境及管理体制差异较大，同时在这一区域还存在着由不同国家主导的多个次级区域经济合作组织。各国投资的法律基础、市场准入规则及标准千差万别，中国企业应该认真分析，采取有针对性的举措，以保证投资效率。虽然目前中国已同一百多个国家签署了双边投资保护协定和税收协定，但由于中国还未形成有效的跨境税收管理体制，这些协定还缺少实施细则，使得企业被迫重复纳税的现象时有发生。这不仅加大了企业经营成本，也提高了投资风险。此外，中国的会计规则与国际会计规则存在一定差异，且国际会计规则处在不断调整之中，企业在境外投资过程中需要熟悉并掌握投资对象国的会计规则，以为企业的正常经营活动提供良好的制度保障。近年来，中国境外投资项目屡屡受挫的一个重要原因就是缺少对当地规则及标准的了解，以国内通行的、不规范的操作模式开展对外投资，导致项目难以中标或半途折戟，造成了较大的经济损失。[71]

## 传统安全

　　当前，我们对投资安全、金融安全等经济领域的安全和风险因素强调较多，但却往往忽视了传统安全问题。实际上，传统意义上的地缘政治、领土争端、政局不稳等安全问题往往更为致命。比如，在"海湾危机"期间，中国因为忽视了传统安全问题，导致与伊拉克签订的数十亿美元的合同最终成为泡影；在利比亚危机期间，中国企业未曾注意到该国已经非常严重的政局不稳，最后导致十几年的投资基础毁于一旦。在"一带一路"建设中，我们需要从一开始就把传统安全问题提上议事日程，警钟长鸣，防患于未然。

　　上海对外经贸大学刘海泉指出，首先要特别警惕大国之间地缘政治的博弈。近年来，几个世界主要大国纷纷提出自己在"一带

## "一带一路"关键词

一路"区域的地缘战略,谋求增强在该地区的影响力。雷德里克·斯塔尔 2007 年主编的《新丝绸之路:大中亚的交通和贸易》一书就展示了不少大国在"一带一路"区域博弈的故事。2011 年 7 月,时任美国国务卿的希拉里·克林顿在印度金奈提出"大中亚"思想和"新丝绸之路"构想,主张建设一个连接南亚、中亚和西亚的交通运输与经济发展网络。同年 9 月,她在联合国会议期间向国际社会进一步描述了"新丝绸之路"计划:以阿富汗为中心,希望阿富汗的邻国投资出力,维护美国在欧亚大陆腹地发展过程中的主导地位。美国意在通过这一计划,削弱中国在"一带一路"区域的影响力,减少中亚国家与中国之间的经济合作,降低上合组织的凝聚力。同时,美国还持续推进"亚太再平衡"战略,积极打造"印太"概念,将亚太的边界延伸到印度次大陆。不仅如此,美国还不断强化在亚太的军力,利用中国周边海洋领土争端,极力扶持其盟友及相关争端当事国,大搞"以邻制华"。

欧盟在 2009 年也提出了"新丝绸之路计划"。该计划力图通过修建"纳布卡天然气管线",加强与中亚及周边国家在能源、商贸、人员、信息等方面的联系,积极开展投资,在保证自身能源供应安全的同时,增强在中亚地区的影响力。此外,欧盟出于自身利益的考虑,担心地区争端恶化,要求争议各方在多边框架内通过对话以合作的姿态解决争端。欧盟的介入,有利于平衡美俄在中亚地区的影响力,但也使得中亚地区局势更趋于复杂化,不利于中国与"一带一路"沿线国家的合作。

俄罗斯在 2002 年与印度、伊朗共同发起"北南走廊计划",提出修建从印度经伊朗、高加索、俄罗斯直达欧洲的国际运输通道,以保持它对传统"势力范围"的影响力。近年来,俄罗斯又发出整合中亚地区的倡议,设想通过"欧亚联盟"加速推进独联体经济一体化的进程。实际上,冷战后的俄罗斯一直将中亚视为它的传统势力范围。尽管普京在2014年5月"亚信峰会"期间宣布支持"丝绸之路经济带"计划,但依然对中国存在戒备心理,这对中国与中亚国家的全方位合作造成了一定的影响。

日本也对"一带一路"地区投入了大量精力。1997年,日本提出了"欧亚大陆外交战略"。2004年,日本又提出了建立"中亚+日本"对话机制。2006年,日本还提出了建立"自由与繁荣之弧",希望通过加强日本与中亚国家的经济合作,在提升中亚各国的经济发展速度和国际化水平的同时,增强日本在这一地区的政治和经济影响力,并利用该区域丰富的油气资源,保障自身能源供应安全。2013年10月,安倍晋三内阁强化了对亚欧地区的关注,他指出:"从东京出发,经过伊斯坦布尔,最终抵达伦敦。日本要做新亚欧丝绸之路的起点、地缘政治的操盘手。"不仅如此,日本还积极发展太平洋、印度洋沿岸外交,加强在这些地区的军事力量。很显然,日本这些举措的意图在于构筑"防线",遏制中国在这些地区的发展。

印度、伊朗和阿富汗共同在南亚推进"南方丝绸之路"的建设,试图打通"海上丝绸之路"和"陆上丝绸之路"。印度凭借其地理优势,谋求独霸印度洋,对外部力量在印度洋的存在都抱有防范之心,尤其将中国的"珍珠链战略"视为对印度的战略包围。拉贾·莫汉甚至怀疑印度是否会容许中国在印度洋实施"海上丝绸之路"战略,因为这里的地缘政治和安全因素实在太浓了。需要指出的是，印度强势的海洋战略势必会影响中国的能源通道安全。此外，印度还积极推行"东进"战略，介入南海问题，在经济、政治、军事上与中国竞争，增强对亚太事务的辐射影响力，这都加大了中国在东南亚方向的战略压力，提升了中国在东南亚方向的战略风险。

同时，还要特别警惕领土、岛屿争端。由于各种历史原因，"一带一路"地区存在着各种领土、岛屿争端，争端处理的结果直接影响着"一带一路"战略实施的安全。目前存在的争端主要在海洋和陆地上。在海洋上，中国与部分东南亚国家存在着"南海争端"。其中有所谓的中越"西沙主权"之争，也有中国与菲律宾、越南之间愈演愈烈的"南沙主权"之争。另外，中日之间也存在着钓鱼岛以及东海专属经济区的争端。周边海洋争端的实质在于区域秩序主导者及其追随者同中国崛起之间的矛盾。很显然，这些争端将影响甚至阻碍中国与东盟国家的全方位合作，进而降低中国在新一轮贸易规则制订中的话语权。在陆地上，二战后的克什米尔地区争端、中印边界争端、巴以领土争端等问题依然无法解决。冷战结束后，随着苏联解体，"丝绸之路经济带"地区涌现了一批主权国家，这些国家之间的边界并未完全划定。另外，在这些国家还存在不少外国"飞地"，"飞地"居民与当地居民时常发生冲突。这些国家普遍存在的边界领土、"飞地"纷争和水资源纠纷已经成为引发地区局势恶化的重要因素，它们将直接影响未来"一带一路"合作中的政治互信、安全与经济合作，给中国西部地区的稳定带来较大的负面影响。

此外，更要警惕"一带一路"区域内个别国家的政局动荡。"一带一路"区域内的国家多为发展中国家,受国内阶级矛盾、民族和宗教问题等复杂因素的影响,政局存在着很大的脆弱性和不确定性,内政外交政策常常缺乏延续性。吉尔吉斯斯坦一方面在 2013 年 12 月宣布退出"中—吉—乌铁路"的建设,另一方面又宣布要积极参与"丝绸之路经济带"建设,就生动地展现了"一带一路"沿线国家政策的矛盾性、变动不居性。[72]

## 非传统安全

传统安全问题易于辨识,往往是区域发展的大背景,是区域合作中的"大问题"。除了这些大问题,还有数量众多的小问题,它们虽然不像传统问题那样牵一发而动全身,但也严重影响着"一带一路"战略的落实。这些非传统安全问题主要包括恐怖主义威胁、海上航道的风险、区域经济一体化压力和跨国犯罪。

以恐怖主义为核心的地区"三股势力"(恐怖主义势力、宗教极端势力、民族分裂势力)的破坏活动是威胁"一带一路"战略实施的重要因素,并已逐渐演变为"一带一路"区域内最大的非传统安全问题。上海对外经贸大学刘海泉认为,尽管当前各极端组织的政治目的、组织形态、人员构成、活动能力存在差异,但它们的共同点都是反对世俗化政权,主张建立政教合一的伊斯兰国家。受国际反恐局势和地区安全局势变化的影响,"一带一路"区域内各极端组织出现人员互相交叉、指导思想相互融合、活动分散化、组织碎片化等特点,它们与国际恐怖组织之间的联系也在不断加强。特

## "一带一路"关键词

别是美国于 2014 年撤军后,阿富汗境内的冲突有不断升级的危险,伊斯兰极端主义和恐怖主义的"溢出"趋势不断加强。此外,近几年中国境内的恐怖势力开始与国外的"东突"暴恐势力相互勾结,不时地制造恐怖袭击,严重威胁着中国公民的人身与财产安全。

维护通行安全是"一带一路"战略实施的关键点,没有畅通的道路,一切"合作"都只能是镜中花、水中月。全球商业贸易的 90% 和石油总量的 65% 要通过海洋运输,其中印度洋提供了全球一半的集装箱运输,全球 70% 的石油产品运输需要通过印度洋由中东运往太平洋地区。印度洋航线上分布着曼德海峡、霍尔木兹海峡和马六甲海峡,它们对全球贸易有着重大影响。全球 40% 的贸易运输需要经过马六甲海峡,40% 的原油贸易需要通过霍尔木兹海峡。中国的远洋"生命线"大部分集中在经马六甲海峡、印度洋到中东、北非这条航线上。如果说石油是工业的血液,那么从中东连接印度洋,并且途经马六甲海峡的航道,实际上已成为中国经济增长的"造血器""输血管"。因此,维护 21 世纪"海上丝绸之路"上的马六甲海峡、霍尔木兹海峡以及曼德海峡三处节点的通道的安全对建设"一带一路"经济区至关重要。具体而言,马六甲海峡节点的威胁主要来自美国对它的控制,霍尔木兹海峡节点的挑战主要来自地区内部安全局势的恶化,而曼德海峡节点的威胁主要来自于海盗威胁。

中国推行"一带一路"战略的目的在于,建立中国与东南亚、中亚、中东、欧洲更加紧密的经贸联系,寻求更加深入的合作与更加广阔的发展空间,通过输出资金、技术推动区域内国家发展与繁荣,带动中国经济的升级与再平衡。美国提出的"跨太平洋伙伴关系协议"(TPP),则力图分化亚太地区逐步形成的由东盟主导的"区域全面经济伙伴关系"(RCEP),进而阻碍东亚区域的一体化进程。同时,欧美联合构建的"跨大西洋贸易与投资伙伴关系协定"(TTIP),推行更加自由化的国际经贸规则,从欧洲大陆方面阻碍亚洲与欧洲的经贸合作进程。TPP 和 TTIP 构筑了西方自身的利益网,也阻滞了中国"一带一路"战略目标的实现。

中国在推进"一带一路"战略,加强区域内各国经贸关系的同时,也会受到跨国犯罪问题的困扰。近年来,被联合国大会列为"世界三大犯罪灾难"之一的跨国有组织犯罪日益猖獗,严重影响着各国的经济发展和社会稳定。当前,跨国有组织犯罪主要包括毒品走私、偷越国境和跨国经济犯罪三大类型。在毒品走私方面,阿富汗生产的鸦片危害扩大至全球,特别是"毒品经济"与中亚宗教极端势力相结合,不断冲击着中国西部安全。在偷越国境方面,在各国劳务外派和境外就业的同时,各种涉外劳务犯罪活动随之产生。在跨国经济犯罪方面,洗钱、电信诈骗等传统、非传统犯罪形式不断出现,甚至有着愈演愈烈的势头,严重影响了各国经济的健康发展。[23]

## 中缅皎漂—昆明铁路项目

2014 年 7 月,缅甸铁路运输部宣布,处于"一带一路"关键线路上的中缅皎漂—昆明铁路项目暂停。该项目原本是中缅两国共同实施的"皎漂—瑞丽通道计划"的一部分,自 2010 年开始计划。

## "一带一路"关键词

2011年4月,中国铁路工程总公司与缅甸铁路运输部签署备忘录,确定了工程建设必须在签署之日起的3年内启动。该项目以BOT的形式实施,原计划投资200亿美元,在2015年前建成,中方负责筹措大部分资金,并拥有50年的运营权。

规划中的中缅铁路基本上与已经建成的中缅天然气管道平行,自昆明起,由瑞丽出境,经腊戍、曼德勒等缅甸内陆重要城市,最终抵达孟加拉湾沿岸的皎漂,全长超过1000公里。根据规划,缅甸方面将在沿途修建一系列的货场,而中国企业也将负责开发皎漂深水港和经济特区。项目建成后,中国可以获得一条全新的出海大通道,不仅能促进西南诸省与世界各国的经贸往来,大大缩短到中东、西欧和非洲的运输距离,而且能减轻中国对马六甲海峡的依赖,更好地保障海上贸易航路的畅通,其战略意义无须赘言。对于缅甸而言,这条连接沿海和内陆地区的铁路将给当地的经济发展带来显著的推动作用。一旦项目完工,缅甸第二大城市曼德勒就会迎来新的发展机遇,依托铁路和港口,当地制造业和物流业的发展前景不可限量;而皎漂也需要这条铁路拓展其辐射范围,获得更大的市场空间,真正发挥其深水良港的优势。

然而,不幸的是,这个项目被无情地搁置了。这是中国企业在"一带一路"战略实施中遭遇的重大挫折,也对未来进一步扩大"一带一路"战略敲响了警钟。

安邦咨询观察员赵天一指出,这样一个互利互惠的项目最终搁浅,其背后必有深层次的原因。直接原因是缅甸政府遭受了来自本国民众和当地非政府组织的巨大压力。首先,签署这一合作项目的吴登盛政府带有浓厚的军方背景,本来就容易引起民众的反感,被指"腐败""不透明"。其次,这种大型基建项目很难直接惠及沿途的多数百姓。曼德勒和皎漂自然欢迎中缅铁路的建设,但其他地区不仅难以从中受益,反而会导致大量人口失去土地和生计。再次,根据缅甸当地媒体的报道,规划中的中缅铁路有可能对沿途的众多文物古迹和宗教设施造成一定影响,而且缺乏环保方面的评估。这对于缅甸这样一个注重环保的佛教国家来说,后果不堪设想。最后,中缅铁路沿线的少数民族长久以来与缅甸中央政府不睦,其领导人也会通过发动抗议等方式捞取政治资本和筹码,这一点在掸邦尤为明显。面对这样的压力,2014年5月,缅甸铁路运输部长吴丹贴放风说,如果不能取得民众同意,中缅铁路项目就不会开工。其实,这就已经宣告了项目的夭折。

在民众和非政府组织发动抗议浪潮的背后,几大外国势力若隐若现。日本曾在2014年3月底宣布,将无偿援助缅甸78亿日元,帮助修建铁路等设施。当时正在缅甸访问的日本外务大臣岸田文雄毫不讳言此举旨在牵制中国。美国一向都是昂山素季及缅甸主要反对党全国民主联盟(民盟)的最大支持者。民盟曾多次抗议中国公司在当地施工,美国也乐于借此遏制中国在缅甸的影响力。印度在缅甸有着巨大的利益,也曾收容流亡的昂山素季一家,它不愿意看到中国在缅甸影响力的扩大,更不愿意中国借助中缅铁路和皎漂港进入印度洋。此外,新加坡也感受到了中缅铁路对于马六甲海峡地位的威胁。

除民众反对和外国势力干预外,中国企业自身的缺陷也是导致中缅铁路项目搁浅的重要原因。过去,中国企业在缅甸采取粗放式经营,不注重环境保护,很少雇用当地人,没有照顾到当地民众的切身利益,给他们留下了较为负面的印象。特别是在修建中缅油气管道的过程中,征地环节存在重大疏漏,又没有进行权威的环保测评,因而遭到了民众强烈的反对。尽管中缅油气管道最终完工,但沿线部分地区对于中国企业的评价已趋于极端负面,如今要在同一地区建设中缅铁路几乎成为不可能。此外,虽然近年来中国企业投资缅甸时开始注重社会效益,中国政府也加大了对缅甸的援助力度,但中国人习惯只做不说,而援助又偏向于重大工程,多数民众很难感受到由此带来的好处,使得这些措施的效果并不明显,民众甚至并不知道中国在想方设法帮助缅甸摆脱贫困。[74]

# 也门撤侨

2015年3月27日,就在中国公布"一带一路"规划即《推动共建丝绸之路经济带和21世纪海上丝绸之路的愿景与行动》的前一天,由"临沂号"导弹护卫舰、"潍坊号"导弹护卫舰和"微山湖号"综合补给舰组成的中国海军第十九批护航舰艇编队暂停了亚丁湾护航任务,驶向也门,进行撤侨准备。

国际问题观察家王国乡指出,虽然解放军官兵再次圆满地完成了撤侨任务,赢得了广泛的赞誉,但不得不遗憾地承认,这是从2009年1月初中国海军赴亚丁湾护航以来的首次"暂停"。不是因为空袭也门就不需要为商船护航了——索马里海盗不会因此而消失,问题在于,中国海军在该航区内没有足够数量的舰只同时进行撤侨和护航两项任务,重要原因之一是没有军事基地。

## 第六篇
## "一带一路"中的投资风险及规避

遭遇12国军事打击的也门地处阿拉伯半岛,在沙特阿拉伯南边,扼守着红海和阿拉伯海亚丁湾的窄口曼德海峡,其最窄处只有18英里,每天有近400万桶石油通过。从海合会国家和伊拉克出发的油轮如果想通过苏伊士运河到达欧洲,就必须通过这个海峡,否则只能绕路好望角。

吉布提和也门隔海峡相望,那里有本来预留给中国的军用港口建设用地,这块地由于中国担心在国外建设军港被认为是"国强必霸"而放弃。这个优良的军港被日本"捡了便宜",如今日本已经建成了优良的军事基地。中国不仅在海外没有军事基地,甚至在中东地区可供中国海军舰只使用的驻泊点都极为稀少。

在"一带一路"建设过程中,"和平与发展"无疑是主旨,但是和平必须有军事威慑作为后盾,否则不可能有和平的日子。这正如毛泽东在针对"敌伪顽"挑衅时所提出的"以斗争求和平则和平存,以妥协求和平则和平亡"。目前,在"一带一路"沿线,中国必须建设好自己的军事基地,才能够保证本国石油运输、国际货运、海外投资的安全、和平。

更令人担忧的是,这次事件暴露出中国对也门局势缺乏足够的风险预判。空袭也门是以逊尼派与什叶教派冲突为表现的阿拉伯民族与波斯民族矛盾在地缘政治博弈中的具体体现。沙特并没有推高油价的动机,其政策是要长期维持低油价,以确保对伊朗、俄罗斯全方位制裁的有效性。也就是说,如果沙特想推高油价,可选手段很多,比如限产。油价小幅上涨只是市场对冲突局面的自然反应,是名副其实的副产品。随着中东矛盾的激化,这种关乎中国利益的地区安全问题将只增不减,这是在推行"一带一路"战略的过程中必须长鸣的警钟。

到目前为止,中国并没有展现出在政府失效的国家维护自身利益的能力。中国在大多数国家的成功体现在与政府和军方的良好合作上,这种国际投资、国际贸易、国际合作模式尽管传统,但是最为有效。然而,遗憾的是,"一带一路"上的很多国家的政府、军队并不稳定,存在着"城头变幻大王旗"的问题。在换了"大王旗"之后,政府往往失去效力,没法控制本国的局势。在这种时候,中国往往没有很好的办法维护自己的利益,也门撤侨就是肇源于此。在斯里兰卡,中国也被"上了一课"。在斯里兰卡新一届总统选举中,反对党上台,其执政之后做的第一件事情就是冻结本来作为"一带一路"节点的科伦坡港口项目建设,这大大损害了中国的利益。

实际上,无论是北路、中路还是南路,"一带一路"建设必须经过中亚、西亚等众多地缘政治"破碎带"。这些国家的中央政府失效、缺乏控制力几乎是一种常态。在这些国家中,部族林立,冲突不断,安全环境很不理想。只有南路的海上相对安全,而这也取决于中国对威胁战略通道安全的潜在对手的威慑能力。中国追求大国地位和全球影响力,不能仅仅通过遍布世界各地的中国公民的投资体现。当这些人的合法利益受到威胁或损害的时候,由纳税人所武装的国防力量在国际法框架下保护或撤离人员,实际上是一种博弈中的下策。真正的世界性大国应该以武力为后盾,在危机发生之前,在不违背互不干涉内政原则的前提下,与各方保持良好关系,确保别国政治变动后不影响本国利益,这是博弈中的上策。

总体来看,也门撤侨一方面表现了中国在维护海外利益上的进步,另一方面也表现了中国在摸索成为世界性大国的过程中欠缺风险预判、军事威慑、及时干预的能力,这需要在未来的"一带一路"建设中引以为戒。我们要力争用5—10年的时间补上这些"课程",确保全球范围内中国国家利益不受侵犯。[75]

## 产业转移规律

"西部开发"的声音在时序上要比"中部崛起"早,更比"振兴东北老工业基地"早得多,但地理因素、基础因素和环境制约决定了这是一个跨世纪的持续性工程。产业转移规律能不能很快在西部发展中奏效,以使西部能够实现东部的辉煌,是不以人的意志为转移的,不会因为国家出台政策、人民充满期望而照着人们的美好愿望去发展。

2009年,梁嫚、熊依琳统计了制造业发达的浙江和广东两省的食品加工、食品制造、饮料制造、纺织业、服装制造、皮革制造、家具制造、造纸、塑料制造等九个具有代表性的劳动密集型产业的变化情况,同时对照西部人口相对密集的西南地区(四川、重庆、云南、贵州)的产业发展情况,作了区位商评价分析。他们发现,在浙江省的九个劳动密集型产业中,除了食品加工、食品制造和饮料制造业外,其余六个产业的区位商都大于1,其中纺织业和皮革制造的区位商超过了2;而广东省除了食品加工、食品制造、饮料制造、纺织业外,其他五个产业的区位商都大于1。这说明,浙江和广东两省依然是劳动密集型企业集中地区。与人们的期望不同,西南四省的大多数劳动密集型产业都没有比较优势,而东部地区的劳动密集型产业在总体上仍具有比较优势。也就是说,在东部地区发展二十多年之后,预想中的劳动密集型产业从东部沿海向西南地区转移非常缓慢,几乎可以忽略不计,因为西部在改革之前、改革之后本身就存在着大量的劳动密集型产业。

之所以会有这种结果,是因为东部地区的劳动密集型产业虽然在成本优势上开始降低,但在参与国内外分工中仍居重要地位。同时,由市场便利性和物流商业成本规律所决定,东部地区在参与跨国公司的全球分工中,产业升级呈现高低并存、高低搭配的经济群落状态。产业集群的聚集效应又使集群内形成了完善的产业链条分工,便于企业就近找到专业的配套生产服务,从而可以集中于产品价值链上的各个关键环节,节约了企业的采购和交易成本,也实现了规模经济生产。在这种情况下,即使西部物流条件有所改善,但是这一地区既不是劳动力密集流向地区,又相对远离终端市场,并不能引发产业"舍近求远、舍易求难"的转移冲动。更普遍的情况是,在中国劳动力价格提升、企业盈利空间大大压缩以后,他们的产业转移方向不完全是中部,或者是劳动力资源相对稀少且正在流出的西部,而是位于"海上丝绸之路"沿线的人口相对密集的发展中国家和地区,如越南、印度尼西亚等。

事实上,一直到 2014 年,浙江的义乌和广东的东莞依然是中国劳动密集型行业和商业的重镇。2014 年,在东莞举办的中国唯一的国家级加工贸易产品博览会吸引了 1210 家知名企业和过万种产品参展,6300 多家国外采购商、16000 多名专业买手赴会采购。中国加工贸易产品博览会的前身是创办于2009年的广东外商投资企业产品博览会,在2012年升级后的两年里达成商贸项目多达13000个。尽管加工贸易是"贴牌生产",它的技术含量低下,附加值极小,在中国对外贸易结构中的地位有所降低,需要向价值链的高端环节拓展,但劳动密集型产业的比重依然高于30%。在现代"陆上丝绸之路"贸易大格局尚未完全形成之前,这些产业还将在"海上丝绸之路"的发展格局中获得发展和提高。这从另一个侧面说明,由东部向西部的产业转移规律并不以人的意志、政策意志为转移。

在"一带一路"建设中,我们必须尊重并利用这种规律,在"海上丝绸之路""陆上丝绸之路"涉及的东西部地区,需要同时在东西、南北布局一些性质类似的产业,不能以"产业梯度"理论耽误国家区域平衡发展。[76]

## 海外信用风险管理

"一带一路"战略符合沿线国家的共同需求,是国际合作的新形式、新平台。工程机械专家刘志鹏指出,"一带一路"契合了当代中国装备产业升级、产业转型的要求,不仅将提升中国的大国地位,还可以有效地消化国内的过剩产能。

然而,在重视机遇的同时,中国企业必须认识到机遇中的风险。"一带一路"沿线国家以发展中国家为主,很多国家还存在着诸多政治及经济风险。东南亚虽然是世界上经济增速较快的地区

#### "一带一路"关键词

之一,但由于经济结构单一、过于依赖外资,对抗外部冲击能力羸弱,近两年经济增长速度下降非常快。除印度外,南亚地区普遍面临经济增速缓慢、基础设施严重不足、能源短缺、货币疲软、通货膨胀压力大等问题。中亚地区受国际能源价格下降的影响,经济增速趋缓,发展前景并不明朗。西亚地区受政治因素的影响,经济发展存在诸多不稳定因素。

如果中国的装备产业要依靠大规模基础建设、基础工程实现产品输出,就需要严格控制货款的风险。因为一般的中、大型基础建设的盈利前景是不明朗的,其收益甚至在很长时间内都难以弥补前期的贷款利息。中国的装备企业在"一带一路"的沿线国家若直接将设备卖给中资基建企业,就相当于没有真正地参与到"一带一路"中来。若要真正地参与进来,就需要装备企业将设备通过代理商或直接卖给海外的当地客户。但是,这种销售方式需要以科学、有效的信用风险管理工作作为基础和补充。海外信用风险管理是一项涉及企业财务、销售、客户关系等多层面的系统工程,需要企业在市场发展和资金安全之间找到平衡点,做到既不失去海外销售机会,又将信用风险控制在合理的程度。实际上,各类企业,特别是制造型企业海外信用风险管理的步骤、特点是类似甚至一致的。因此,我们这里选取具有代表性的装备制造业为例,简要叙述海外信用风险管理的基本做法,希望对中国企业海外风险信用管理有所帮助。

现阶段,中国的装备制造企业对海外各类客户的信用风险管理需要从四个方面着手:建立客户资信档案、根据客户评级建立授信政策、应收账款过程管理、应收账款风险转移。

建立客户资信档案,是指公司通过市场销售人员及海外代理商的日常了解、专业的资信机构调查以及当地使馆商会的走访等,形成对客户的资信认识,并使客户的历史背景、组织管理、经营状况、偿债能力、付款记录等形成档案形式的文件。

根据客户评级建立授信政策,即通过公司对客户的全面分析,将客户按重要程度及资信水平分成不同层级,并对不同层级的客户给以不同的授信额度。

应收账款过程管理,是从公司层面建立的不断优化的一个体系。企业需要通过海外销售、财务、市场管理、物流等部门的协调配合,实现应收账款的信息共享,共同对应收账款进行定期和不定期的检查,从而建立起应收账款的动态管理模式。其中,财务部门作为企业管理信息服务部门,需要定期编制付款统计、账龄比较、应收账款比例等情况分析表;市场与销售管理部门需要根据应收账款的拖欠记录及时提醒海外销售人员催收;物流部门需要严格执行信用额度外的发货管理。当发现应收账款有可能转变为坏账时,海外销售部门应及时取消其信用额度,停止继续供货并借助专门机构或司法部门进行追讨。另外,在应收账款的过程管理中,还必须做好对账管理,这是减少应收账款风险的重要一环。对于应收账款海外企业,管理越严谨,对账越及时,国外客户就越容易表示出良好的信用,否则时间一长,国外客户的还款意愿就会越来越低,甚至发展到拒付的地步。

在国际贸易销售的过程中,中国装备制造业企业还需要多采用稳妥的避险工具,转移有可能出现的应收账款风险。例如,对资信度较低的客户,应避免采用承兑交单的托收方式,可要求对方在交付订金以外,余款及利息部分全部由当地大银行或政府开具保函;推行出口信用保险,以商品赊销额度作为保险标的,在客户未能如约履行货款清偿而使企业遭致损失时,由中国信保公司提供风险保障。[77]

## 国企法律风险

国有企业在大多数国家被认为是独立法人主体,可以从事各类投资及经贸活动。目前,世界各国的投资环境不同,其中欧美发达国家的法治环境较好,法律法规健全,执法活动规范,对投资者持欢迎态度,属于比较成熟的投资地。亚非拉国家各有优势,也为中国投资者所青睐。

著名律师金奎荣先生指出,在国有企业走出国门的过程中,提高法律意识是非常必要的。世界各国的法律体系虽然不同,但基本分类、基本作用是相同的。从大的方面说,刑法意识是第一位的,即首先要保证不能触犯刑律,否则将会受到刑事处罚,后果是最严重的。其次,要提高行政管理方面的法律意识。在这方面,发达国家执法非常严格,基本实现了违法必究。所以,企业在这些国家投资不能存侥幸心理,必须严格守法;否则,轻者被罚款,重者可能被勒令停业。最后,要提高民事方面的法律意识。虽然民法对象是交易主体,但发生纠纷仍然是通过法律程序解决的,它的判决与其他法律没有大的区别。不像发达国家,欠发达国家的法律环境往往不尽如人意。在这种情况下,自我预防、自我救济就显得格外重要。在欠发达国家投资的外国企业、公民，要学会利用各种允许的规则，比如人情、关系等，保护自身的利益不受侵害。由于世界上大多数国家都曾经历过欧洲列强的殖民统治，这些国家的民众普遍懂得像欧洲公民、北美公民那样，利用劳动法保障自己的劳动收入、劳动权利。这就要求去国外投资的中国公司不能随便要求员工加班，不能在工作时间之外随便安排员工办理工作上的事情，否则其法律后果往往会非常严重。另外，世界上大多数国家的法律对环境保护、生态保护要求很高，必须高度重视。在一些中东、非洲国家，民族、种族、宗教等方面的法律往往非常特殊，也常常使得中国企业非常被动，这需要我们从一开始就非常重视。

国有企业走出国门，不论是开展贸易、提供服务、承揽工程，还是在当地投资办厂，都必须注意规避法律风险。总体来说，法律风险分为两部分：国内法律风险和境外法律风险。

国内方面，国家在国有企业境外投资、国有资产管理等方面都有相应的法律法规，企业必须严格遵守。简单来说，境外投资项目首先要报国家发改委立项，然后报商务部审批，取得境外投资批准证书后，再报外汇管理部门批准可以支配的外汇额度。作为国有企业，如果对外投资涉及国有资产处置、收购其他企业或个人的资产，还应当进行评估立项备案，这需要国有资产管理部门批准。境外方面，企业承担的法律风险主要是合规风险和行为风险。在规避法律风险的技术层面，境内外差别不大，只要正常聘请律师、会计师进行咨询，让其帮助解决问题即可。在管理程序层面，则需要设计一系列管理规范、流程、文本表单等，经过法律专业人士审查合格后，依照执行。此外，还需要培养法律风险文化，教育经营者及员工严格守法,增强法律意识,养成守法习惯。在法制健全的国家,法律虽然严格,但界限非常清楚。只要是属于法律保护范畴的权利,各种部门都会严格保护。法律不禁止的领域,企业作为民事主体,均可以进入。所以,只要不违法,不必在意"潜规则"。在法律不健全的国家,执法环境差,必须根据当地情况寻求有效的保护措施。

国有企业与外资企业、政府合作开展经贸活动,通常会涉及以下法律:在国内方面,主要涉及《企业国有资产管理法》《企业国有资产监督管理暂行条例》以及涉及评估、股权管理等方面的配套规则。如果在国内与外资企业、政府合作开展经贸活动,涉及的法律法规主要包括《公司法》《中外合资企业法》《中外合作企业法》及各自的配套规章。在境外方面,涉及的法律法规更多,不胜枚举,只能具体国家具体咨询清楚。现在,国内很多律师已加入了诸如环太平洋律师协会等国际律师组织,可以为企业境外合作提供更有针对性的法律咨询。[73]

## ▎"经济发展环境恶化"悖论

经济发展并非一朝一夕之事,环境保护更需长远规划。在"一带一路"沿线的 65 个国家中,既有人均 GDP 过一万美元的经济强国,如新加坡、卡塔尔、文莱、以色列;也有人均 GDP 不足一千美元的经济弱国,如塔吉克斯坦、尼泊尔、阿富汗。在"一带一路"区域,有些国家对环境质量改善与人民群众健康的追求已经远远超过了对GDP增长的需求,而另一些国家却还挣扎在生存的边缘,为增加GDP不惜付出一切代价。

首都经济贸易大学杜雯翠指出,经济发展阶段不同,对经济发展与环境保护的诉求不同,"一带一路"沿线国家很难在经济增长与环境保护的权衡方面达成共识。因此,能否与处于不同发展阶段的国家达成一致,协调经济强国与经济弱国的环境保护意识、经济发展意识,实现无差异的、非歧视的"一带一路"环境管理,对"一带一路"沿线的小国、弱国的可持续发展关系重大,对中国自身的生态文明建设也十分关键。

要想解决"一带一路"沿线国家和中国各省市的历史环境问题,规避未来环境风险,可以从以下两方面入手:一是加强环保科普教育,争取达成环保共识;二是建立"丝路环保基金",核算各国排污贡献,按比例缴纳环保"公积金"。

"一带一路"沿线各国的发展阶段各异,一些工业化水平较低的中亚、中东国家即将面临"一带一路"建设带来的新的环境问题,而一些工业化水平较高的地区则面临新老环境问题的叠加。对于前者,中国有责任、有义务帮助它们走可持续发展的富裕道路,而不是像某些发达国家一样,将这些小国、穷国当成"污染避难所"。对于后者,中国要有信心、有耐心与之达成共识,建立经济强国与经济弱国的环境管理桥梁,共同建设"一带一路"的生态文明。

我们生活在同一片蓝天下,在保护环境上,没有任何一个国家可以独善其身。不论是高收入国家还是低收入国家,都有责任在发展经济的同时改善环境质量。然而,并不是每个国家都有能力将更多的资金投入到环境基础设施建设与污染综合治理上,污染问题更不会等这些国家有了充足资金后才爆发。因此,我们可以抓紧建立"丝路环保基金",将它主要用于"一带一路"沿线欠发达国家的环境基础设施建设与环境突发事件处理。在基金来源方面,可以借鉴企业公积金与公益金的处理方式,按各国污染排放总量核算排污贡献,排污贡献越高,缴纳比例越高;排污贡献越低,缴纳比例越低。这样做不仅能够帮助暂时没有能力处理环境污染问题的欠发达国家既保证温饱又顾及环保,还能激励并约束"一带一路"沿线国家采取科学的发展方式,降低环境污染,实现可持续发展。[79]

## 内外关系

在国内,"一带一路"已经得到了热烈反响和回应。许多人都将其视为有利于中国产能输出以及获取资源的新机会。然而,"一带一路"是一项国际合作战略,仅凭国内的热情是不够的,也是不可能做好的。即使中国不缺资金、技术,并有意愿帮助相关国家发展经济,也不意味着其他国家就一定欢迎我们。光大证券首席经济学家徐高指出,国际发展毕竟不是一厢情愿的事情,它不仅涉及各国的国家尊严、民族自尊心问题,还涉及各个国家政府和人民的认知、接受问题。实际上,"一带一路"战略的落实,真正的、核心的阻力在国外而非国内。

首先,必须同时站在国内和国外两个视角思考"一带一路"。

只有这样,才容易发现别国的关切和顾虑。比如,我们在国内谈论产能输出的时候,其他国家可能理解成落后产能输出,或者理解成产品大倾销;在国内热议资源获取的时候,其他国家可能理解成资源掠夺;在讨论给其他国家推进基础设施建设的时候,其他国家可能联想到基础设施主权保障问题。这类认识偏差在国内外普遍存在,是我们在推进"一带一路"建设时必须考虑到的。

其次,一定要在国际上做好"一带一路"的宣传工作。我们需要清晰地阐述这项战略的目标和内涵,给"一带一路"沿线国家一个明确的预期。只有明了"一带一路"战略的具体内容后,其他国家才能放心、大胆地投入其中。对那些其他国家有顾虑的地方,我们需要做周详、耐心的解释工作。比如,所谓中国的"过剩生产能力",并不是说它落后、质量不良,而是因为国内市场饱和了,这种饱和产品可能正好是其他国家需要的。就比如中东的石油,相对于自己的国内市场,是过剩产品,而对其他国家而言却是极度稀缺的产品。要让其他国家明白,这是双方的合作,是互利共赢,并非中国"吃独食""甩包袱"的行为。

最后,要充分尊重其他国家的意愿。其他国家认识、理解、接受"一带一路"战略肯定需要一个过程。在这种情况下,我们必须尊重其他国家的选择,不能将我们的想法和做法强加于人。只要本着平等互利的原则做好工作,让参与"一带一路"的国家尝到甜头,其他国家就一定会参与进来。[80]

"一带一路"关键词

# 官民关系

毋庸讳言,"一带一路"战略体现了中国的国家意志,因此政府的参与是必然的。但是,建设"一带一路",仅由政府"孤军奋战"是远远不够的。相对于这一战略所勾勒的宏伟远景来说,中国政府所能提供的资金规模是有限的。实际上,如果"一带一路"战略完全变成政府行为,势必会增加外部的疑虑,给这一战略的顺利推进带来更多阻力。光大证券首席经济学家徐高指出,要顺利推进"一带一路"战略,就必须有"外部援军",必须吸引民间力量的积极参与。当然,"民间"既包括国内,也包括国外的民间力量。要协调好政府与民间的关系,政府需要着力于"稳预期、担责任、敢放手"的工作。

首先,政府要给民间提供稳定的预期。民间资金参与"一带一路"的目的必然是资本增值。也就是说,民间的"钱要生钱",这是由资本的性质决定的。事实上,不断给民间资金创造有吸引力的商机,是"一带一路"战略能持续发展的前提。要做到这一点,政府就必须清晰地告知民间"一带一路"战略的长、中、短期目标分别是什么,将会在哪些领域展开,推进的方式将会如何。有了这样清晰的图景,民间自然会努力发掘投资机会,做好风险防范工作,实现资源的优化配置。

其次,政府要承担必须承担的责任。基础设施建设是"一带一路"战略的重要组成部分,也是其他战略内容的必要前提和载体。

只有完成基础设施建设,实现"互联互通",才能促进相关国家与中国的人员、资源和信息流动,加深经济融合。基础设施虽然有较大社会效益,但也有投资大、周期长、回报率低的特点,这就决定了政府必须在其中承担起主要责任。即便要引入民间资金的参与,政府也必须提供足够的补贴,使项目的回报率提升到有吸引力的水平。另外,基建投资在短期内必然会产生很大的债务负担,这些负担也理应由政府承担。政府如果只做"甩手掌柜",把这些债务负担推给民间,结果将不会乐观。

最后,政府应在该放手时"敢放手"。"一带一路"战略与其他经济发展战略一样,需要"政府搭台,企业唱戏"。一旦政府"搭台"完成,就应该放手让民间资本"唱戏"。互联互通做好了,资源如何在更大范围内实现优化配置,就应该交给民间,交由市场来决定。资源该向什么地方、什么行业流动,也只有市场才能给出更好的答案。政府一定要相信,对于生产什么、在什么地方生产、怎么生产这些问题,企业家比政府官员更专业,也更敬业。事实上,只有这种囊括了"一带一路"沿线国家的大市场建立起来了,政府在"一带一路"战略上的基本任务才算基本完成。[81]

## 远近关系

"一带一路"是一个长期战略,它包括了政策沟通、道路联通、贸易畅通、货币流通、民心相通五个重点建设内容。其中,基础设施互联互通是"一带一路"建设的优先领域,也是其他建设内容的

## "一带一路"关键词

必要基础。很显然,做好基础设施互联互通工作会对中国经济总需求有明显拉动作用。但是,不能因此将"一带一路"理解或操作为一项短期的刺激性政策,否则既贬低了这一战略的意义,也会损害中国的国际声誉。

外交部武寒指出,在国外开发建设项目中,不能急功近利,不搞短期行为,特别不能以破坏当地人文和自然环境为代价谋求经济利益。企业在国外守法经营的同时,要做好研判,针对不同国家、不同项目、不同阶段制订不同的目标和工作重点,一步一个脚印,扎实推进,不要一下子把摊子铺得过大。企业要想走得远,应该在驻在国承担更多社会责任,以赢得好名声、好口碑。企业行为和政府行为一样,不能"三分钟热度",要持之以恒地做投资、技术转让和援助,避免"起大早,赶晚集"的事情发生。此外,也不要有"捞一票就走"的想法。"一带一路"建设归根结底是要与沿线国家建设命运共同体和利益共同体,实现共同发展和繁荣,企业必然要多想办法打造与当地政府、上下游企业乃至老百姓牢固的利益、责任和情感纽带,形成"我中有你,你中有我"的高度利益融合,这样才能扎下根来,获得可持续发展。

政府对"一带一路"进行各类规划,特别是制订财税货币政策时,也应把握好眼前收益和长远利益的关系。光大证券首席经济学家徐高指出,中国2008年推出的"四万亿"经济刺激计划是个前车之鉴。这一计划推出之时,财政和信贷资金投放快速放大,建设项目也大规模上马,确实在短期内带动了经济增长的复苏。但是,宽松政策也快速推高了物价和资产价格,恶化了国内产能过剩的问题。与这一计划的仓促出台一样,它的退出也过于仓促。2010

年初，强力的房地产调控措施开始不断出台，货币政策也快速从扩张转向紧缩，这使得那些在 2009 年受信贷支持而上马的投资项目转眼就碰到了银行抽贷的困局。

正是快放与快收带来的两次冲击，让为稳增长做出了巨大贡献的"四万亿"经济刺激计划承受了不少骂名，以至于后来政府再要出台任何刺激性政策，都极力要与这一计划"撇清关系"。

在很多人看来，"一带一路"战略与"四万亿"经济刺激计划有着类似的地方。这随时在提醒我们，在"一带一路"建设中，一定要避免重蹈"四万亿"经济刺激计划的覆辙，否则就可能对中国的国际声誉带来灾难性的影响，甚至可能使中国未来其他的"走出去"计划陷入窘境。就此而言，"一带一路"战略必须着眼长远，稳步推进，短期不能急，长期不能松。[82]

## 研究乱象

以色列海法大学政治学院国际关系系王晋先生指出，当前，不少学者俨然已经将"一带一路"视为一个"大蛋糕"，大家都忙着争抢，很多人短时间内摇身一变成为"一带一路"的专家和智囊，许多错误认知和言论也纷至沓来。无论这些错误是出自真心，还是一种投机取巧的"小聪明"，都将极大地损害中国"一带一路"建设的长期性和健康性，影响中国对外战略实施的视角与方向。这些错误如不加以纠正，必然会导致"一哄而上、一抢而光、一哄而散"的窘境。

**"一带一路"关键词**

首先,缺少对于"一带一路"实际情况的清晰认知,导致"理论满天飞,实践跟不上"的窘境。"一带一路"从本质上说,是中国单方面的顶层设计和战略构想,需要通过相关国家的参与和合作才能够真正实现。然而,在很长一段时间内,中国国内的对外研究更多地集中在了"大战略""大思想"的层面上。一方面,许多知名的学者和决策参谋人员都来自于西方社科的教育系统,对于"一带一路"沿线情况了解不足。另一方面,大多数研究人员忽视"一带一路"有关国家的小问题,对于诸多细节问题缺少了解和认识。

谈到"中东""西亚""中亚"的时候,更多的研究人员往往倾向于以西方政治学、社会学和经济学的相关理论和思想套用于相关国家,过度强调不同地区的相似性。但是,相似性不等同于相同性,"一带一路"沿线各国和地区的差异性极大,这种差异性很多并不为中国当前的权威学者所知。在很多细小问题或者关键问题依然模糊不清的前提下,盲目地让各种理论和宏观叙述充斥于研究与舆论之中,只会制造更多的"智库垃圾"和"媒体垃圾",不能帮助中国更加真实地认识这些地区。

其次,对于实际国情缺乏了解,导致许多研究与报告"简单片面"。由于缺乏了解,而又要在"一带一路"研究上"搏出位",短期内学术界有不少关于"一带一路"的建议与文献倾泻而来。在这些研究中,一些学者把22个阿拉伯国家看作一个整体,把5个中亚国家看作一个整体,把54个非洲国家看作一个整体,并据此制定整齐划一的政策。但是,要使"一带一路"真正具有生命力,我们就不能想当然地、自娱自乐地、简单片面地同丝路国家打交道,而要真正了解每一个国家、每一个群体对中国的期望和需求。

更为严重的是,不少媒体在报道中,片面强调能源合作,把大量精力用于解构相关国家的政治与经济体制,缺少对于相关当事国国内民众、社会、舆论和文化的深刻认识。在此背景下,一些学者急功近利,"一切向钱看",往往将相关国家片面地刻画为"能源供给国""资源供给国"。这种刻画往往会引起相关国家的反感,"一谈生意就是能源和资源",不仅缺少诚意,而且缺少清晰的认知和评估。

最后,过高估计了中国的真实影响力,带有"自说自话"的优越感。一些中国媒体、驻外使领馆和驻外新闻机构在报道中国"一带一路"时,往往"报喜不报忧",更多的报道都集中在相关当事国"欢迎'一带一路'",或者是相关当事国"愿为'一带一路'贡献力量"等议题上。不少"一带一路"沿线国家的智库和官员不仅不了解"一带一路"战略,甚至对于中国都缺乏基本的了解。驻外机构发往中国的报道往往夹杂着"政治影响"的考量,采访的相关人员要么是曾经的官方驻华机构人员,要么是对华友好人士。这种"自说自话"的情景建构极大地干扰了中国对于整个世界的认知和对于自身身份的定位,具有严重的危害性。[83]

## 马六甲困局

在"一带一路"上,一个十分关键的地缘战略位置是东亚地区通往印度洋的主要隘口马六甲海峡。马六甲海峡位于欧亚海上运输要冲,中、日、韩等东北亚国家与欧洲、非洲的能源、原料及贸易

## "一带一路"关键词

往来都必须通过新加坡控制的马六甲海峡。新加坡有美国在东南亚最大的海空军基地,美军在此部署了最先进的武器装备,牢牢控制着马六甲海峡。中国台湾地区国际关系学者蔡翼指出,东亚地区一旦发生军事冲突,美国只要封锁了马六甲海峡,这些危机几乎都将按照美国的意图"化解"。

为了突破"马六甲困局",中国正积极与泰国政府协商,希望能合作投资开挖一条在泰国南部的克拉运河,连接南海和印度洋。克拉运河的开通,不但可以缓解美国封锁马六甲海峡对中国的威胁,也可以为周边国家带来巨大的商业利益。

如果克拉运河真的能开通,除了可以为东亚航运节省下一千多公里的行程,还可以缓解马六甲海峡航道拥塞对航运的耽搁。对于克拉运河的周边国家而言,如此庞大的工程所带动的投资与商贸将产生巨大的长远经济利益。克拉运河的开通,不仅有利于中、日、韩等东北亚国家,对于泰国、越南和柬埔寨也十分有利。由中国主导开挖克拉运河,将有助于中国对中南半岛国家的影响,改变东亚地缘政治的生态,遏阻美国在该地区势力的扩张。

同时,为了化解"马六甲困局",中国还正在努力推进"珍珠链"外交战略,希望将东南亚和印度洋主要港口串联在一起。为此,中国积极加强与巴基斯坦、斯里兰卡、孟加拉、缅甸等印度洋沿岸国家间的关系,目的就是通过投资掌管沿线主要港口,强化维护通往欧洲和非洲"自由航行"的制海权,确保海上丝绸之路畅行无阻。进一步地,中国也在积极拓展在非洲的海军和空军补给基地。据《纳米比亚人报》报道,中国正计划在纳米比亚沃尔维斯湾建立海军补给基地,还计划在吉布提、也门、安曼、肯尼亚、坦桑尼亚、莫桑比克和塞舌尔等地区建立"海外战略补给基地"。

目前,中国在斯里兰卡、缅甸等国进行海上"珍珠链"的战略部署受到美、日、印的钳制,斯里兰卡亲中国的总统候选人落选;缅甸政局丕变,亲美、日的政府当权,使中国的战略布局受到一些挫折。但是,随着中国及时、积极地调整策略,"珍珠链"的前景还是很可期的,它有望成为中国维护海上新丝路自由航行权的"七星八卦阵"。

从地理位置上看,缅甸位于连接"一带一路"重要的陆上战略节点,是中国在印度洋重要的出海口,中国在那里建有战略干线性油气管道,所以缅甸政府认为自己掐住了中国的软肋。由于缅甸和西方的关系不断改善,在缅甸看来,自己已不必像以往那样依靠中国,可在中美之间操弄战略平衡,藉此获取最大利益。这也使中国在缅甸的战略布局受到严重冲击。

中国作为崛起中的大国,在"一轴两翼"的海洋战略指导下(以东海、南海为轴线,以印度洋、太平洋为两翼),克拉运河的开通以及印度洋"珍珠链"的布局固然可以缓解马六甲的困局,但开辟中国在印度洋的出海口才是一劳永逸的解决之道。大国崛起固然要有"近悦远来"的魅力,也需要"文治武功"衬托出它的光彩。[84]

## 亚洲五强

中国社会科学院世界经济与政治研究所研究员薛力指出,实施"一带一路"战略,意味着中国外交的转型。这是中国外交更加积极有为的重要标志。周边外交在中国外交中的地位日益突出,

## "一带一路"关键词

一些学者甚至认为其重要性超过了对美外交。就中国周边而言，除俄罗斯外，区域性大国有西边的哈萨克斯坦、西南部的印度、东南部的印度尼西亚与东北部的日本，这四个国家与中国一道，构成所谓的"亚洲五强"。以前国际上有种论调，说中日关系搞好了，亚洲就没有什么大问题了。这种说法在过去或许有一定道理，但现在乃至未来，单靠中日两国已经无法协调亚洲的大局，亚洲的格局将越来越明显地受到上述"五强"的影响。

在较长的一段时期内，日本仍然将会是全球经济大国，如果中日化解争端，变成"战略伙伴"，对于亚洲一体化将起到明显的促进作用。但是，在可以预期的未来，中日之间建立伙伴关系几无可能。日本一直以来的战略都是遏制中国，目前也在处心积虑地通过强化日美关系推进正常化国家目标，这种"正常化"的追求就是要取得能够与中国平起平坐的政治大国地位。在中国的综合实力超过美国之前，日本作为"亚洲英国"的定位不大可能有根本性的改变。日本独特的"以他者为中心"的哲学观，决定了其生存哲学是"与最强者为伍"。就此而言，它会一直追随美国走下去。在中日政治关系难以大幅改善的情况下，中日自贸区、中日韩自贸区也难以很快实现。因此，中国在实施"一带一路"战略的过程中，对日关系的着眼点将是贸易、投资、技术、人文交流等。中国东北亚外交的重点是朝鲜半岛，要继续深化与韩国的政治、经济、文化关系。在中韩自贸区建立后，签署双边投资协定将成为下一步推进双边经济关系的重点。中国通过与韩国的合作，可以对冲日本对本国的威胁和危害。

印尼拥有2.5亿人口，是全球穆斯林人口最多的国家。近年来,印尼政局恢复稳定,经济增长率保持在5%以上,未来依然会是东盟强有力的领导者。印尼做东盟的领导者,有利于中国在东南亚的利益布局。从长远战略考虑,中国应该想办法推进、帮助印尼坐稳东盟领导者的位子,并力争将印尼发展为"一带一路"战略的"支点国家"。为此,中国必须强化与印尼的经济合作,包括大幅度增加对印尼的投资,这涉及基础设施建设、轻重工业、信息产业等众多领域。当然,对于"支点国家",不能仅仅局限于发展经济关系,政治、安全、军事、文化等关系都应该成为发力点。

印度很难放弃"成为有声有色的大国"的雄心,从来不希望被任何国家左右,它不大可能放弃坚持了大半个世纪的不结盟外交,也很难成为"一带一路"战略的"支点国家"。但是,印度无疑是亚洲大国之一,对中国的"亚洲大国外交"来说,其重要性在一定意义上超过了日本。虽然边界争端牵制着中印政治关系的深化,但我们可以加大经济合作的力度,推进投资、基础设施建设、文化交流等领域的合作。

哈萨克斯坦是与中国接壤的邻国,它是中亚五国中面积最大、经济最发达、综合国力最强的国家。综合而言,哈萨克斯坦无疑是丝绸之路经济带在中亚地区的头号目标国,中哈双方可以开展安全、经济、文化等多方面的合作。其中,经济合作无疑是重心。对中国而言,可以在哈萨克斯坦投资建厂以生产轻重工业品,可以进行道路、桥梁、港口、机场等基础设施建设,还可以进行电网、通信网、油气管网等互联互通项目。[85]

"一带一路"关键词

# 亚信会

亚洲相互协作与信任措施会议,简称"亚信会",是1992年10月5日由哈萨克斯坦总统纳扎尔巴耶夫在第47届联合国大会上倡议建立的亚洲安全问题论坛,致力于制定和落实旨在增进亚洲和平、安全与稳定的多边信任措施,加强相关领域合作。亚信会恪守《联合国宪章》的宗旨和原则,坚持各成员国一律平等,相互尊重主权和领土完整,互不干涉内政,倡导以和平方式解决争端,反对动辄诉诸武力或以武力相威胁,通过制定和实施军事政治、新威胁新挑战、经济、人文、生态等五大领域信任措施,加强成员国安全、经济、社会和文化交流与合作。

目前,亚信会共有成员国26个:阿富汗、阿塞拜疆、中国、埃及、印度、伊朗、以色列、哈萨克斯坦、吉尔吉斯斯坦、蒙古、巴基斯坦、巴勒斯坦、俄罗斯、塔吉克斯坦、土耳其、乌兹别克斯坦(以上为创始成员国)、泰国(2004年加入)、韩国(2006年加入)、约旦(2008年加入)、阿联酋(2008年加入)、越南(2010年加入)、伊拉克(2010年加入)、巴林(2010年加入)、柬埔寨(2011年加入)、卡塔尔(2014年加入)和孟加拉国(2014年加入)。观察员12个:印度尼西亚、日本、马来西亚、菲律宾、斯里兰卡、乌克兰、美国、白俄罗斯,以及联合国、欧安组织、阿拉伯国家联盟和突厥语国家议会大会。

亚信会常设执行机构为秘书处,2006年6月正式启动,原设在哈萨克斯坦阿拉木图市,2014 年 9 月搬迁至该国首都阿斯塔纳。秘书处长官为执行主任,由亚信会主席国提名大使级外交官担任。现任执行主任宫建伟(中国籍)于 2014 年 7 月上任。

亚信会建立了国家元首和政府首脑会议(峰会)、外长会议、高官委员会会议、特别工作组会议等议事和决策机制。峰会和外长会议均为每四年举行一次,两会交错举行,间隔两年。举办峰会和外长会议的国家任主席国。现任主席国为中国。

就亚信会和"一带一路"的关系来看,国务院发展研究中心欧亚社会发展研究所所长、前驻俄罗斯大使李凤林认为,亚信和"一带一路"可以相互补充,成为促进亚洲安全和发展的"双引擎"。他指出,"一带一路"倡议在落实中面临的一大挑战就是安全问题,而亚信的宗旨正是通过制定多边信任措施,加强对话与合作,促进亚洲和平、安全与稳定。

李凤林说:"亚洲是唯一没有全区域性安全组织的地区,亚信正好可以弥补这个短板。维护亚洲安全首先要建立各国间的信任。"从这个意义上讲,亚信和"一带一路"可以相互补充,成为促进亚洲和平稳定和经济发展、建立亚洲命运共同体的"双引擎"。[86]

# 宗教考量

中国农业大学人文与发展学院梁永佳、李小云在云南调研时遇到一位内地在老挝投资的商人,他不无感慨地说:"不要以为有钱就一定能搞定一切!我们想买一块地,最后村里的首领说周围

## "一带一路"关键词

都是他们的佛地,买不得。"这个故事生动地展示了宗教在经济社会发展中的微妙作用。

在"一带一路"上,西安以西就逐渐进入穆斯林占主流的中亚地带。从阿富汗、巴基斯坦,到中亚五国、伊朗、伊拉克、叙利亚,直到土耳其,穆斯林人口均占所在国人口的90%以上。从云南往南,老挝、缅甸、柬埔寨、泰国等都是小乘佛教主导的国家。在海路上,过了金兰湾,就进入了穆斯林主导的"马来世界"。印尼有两亿多穆斯林,接近总人口的九成,是世界上最大的穆斯林国家。在马来西亚,穆斯林也占六成以上,这些穆斯林在整个国家和地方都享有政治优势。马六甲海峡以西的南亚国家巴基斯坦、印度、孟加拉国,穆斯林人口超过一亿,它们是世界上第二、三、四大穆斯林国家。印度的印度教徒几乎占本国人口的80%,斯里兰卡的佛教徒也达到了本国人口的70%以上。所有这一切都在提醒我们,实施"一带一路"战略,必须处理好宗教问题。在"一带一路"沿线国家,宗教不单单是个信仰问题,它已经深深地介入政治、经济、社会、文化、生态生活的方方面面。在某种程度上说,"一带一路"战略的落实过程,实际上就是处理好宗教问题的过程。

"一带一路"的宏观战略一旦形成,在微观运行上回避不了和沿线的宗教社会打交道,特别是和各种各样的穆斯林社会打交道。企业要在其他国家铺路桥、建港口、修管道、运物资,就必然要雇用当地劳力,这就要接触一个个活生生的人,就必然要与各自为政的各种地方势力频繁协商,而这些工作都离不开宗教、教派的参与。然而,令人担忧的是,国内目前关于"一带一路"的讨论还仅仅停留在政治、经济层面,很少涉及宗教。宗教涉及道德、团结、尊严、生命等价值,是各种社会行动的动力,是绝对不能将之简单地当作外交、经济问题予以解决的。实际上,中国提出的《推动共建丝绸之路经济带和 21 世纪海上丝绸之路的愿景与行动》也不仅限于政治和经济两个目标,它还特别强调"民心相通"的问题,提倡"开展多层次、多渠道沟通磋商","增进沿线各国人民的人文交流与文明互鉴,让各国人民相逢相知、互信互敬","携手推动更大范围、更高水平、更深层次的大开放、大交流、大融合",这都需要我们将宗教特别是伊斯兰教纳入战略实施规划中。

中国的一些企业习惯性地把在国内通行的"公关领导"的做法搬到国外,以为"搞定"政府就等于万事大吉,忽视了"一带一路"上大多数国家既不是西方的法制社会,也不是中国式的政府社会,而是以宗教为主导的碎片化的社会这样一个基本事实。有些工作人员在认识上缺乏宗教敏感性,缺乏对宗教的尊重,缺乏对穆斯林社会各种习俗以及由此演化而成的政治和经济契约形态的了解,在心里往往把落后和恐怖主义与穆斯林社会相联系。

不善于和宗教社会打交道是中国企业、投资者"走出去"、走向世界的一大阻碍。中国民众在成长过程中很少涉及宗教知识教育。一些民众对宗教存在误解,甚至还有一些歧视。有些人在潜意识里认为宗教与经济发展此消彼长,认为科学已经完胜宗教,认为各种宗教正在全世界走向消亡。

实际上,伊斯兰教在欧亚大陆和非洲正呈现出强力的复兴之势。即使在宗教政策较为开明的东南亚,伊斯兰教在政治、经济、社会生活中也占主导地位,沙里亚教法体系在马来西亚、文莱、印尼的适用范围日益广泛。在中亚地区,穆斯林人口占 99% 的阿富汗,民众的日常生活节奏完全按伊斯兰教要求展开。巴基斯坦不仅以伊斯兰教为国教,而且遵行严厉的《宗教亵渎法》。即使在宣称宗教中立的哈萨克斯坦和吉尔吉斯斯坦,伊斯兰教仍然主导着当地公众的日常生活。更重要的是,伊斯兰教正在经历深刻而迅速的变化,新兴运动层出不穷,在普通人中传播得非常快。这就要求我们必须审慎地对待"一带一路"上的各种宗教,特别是伊斯兰教,要把它当成一个必须处理好的工作对象。我们必须用对待社会主义市场经济的虔诚态度对待各种宗教,只有这样,才可能在"一带一路"上走得更快、更平稳一些。⑰

# 三区安全

根据由近及远的原则,横穿整个亚欧大陆的"一带"在空间范围上可分为核心区(中亚)、扩展区(南亚、东欧)、辐射区(欧洲)三个层次。在每个层次上,中国都建立了相关的安全合作机制,取得了较大的安全合作成果。

2001年为解决区域边界争端以及加强边境军事信任而建立的上海合作组织(SCO)经过十多年的发展,已经成为"一带"核心区域的关键性安全保证机制,并逐渐形成了以反恐为中心,兼顾打击毒品武器走私、跨国有组织犯罪等多元一体的安全合作体制。近年来,SCO在经贸、人文等非传统安全领域的合作不断扩大。在经济领域,SCO国家通过开展多方面、各层次的区域合作,极大地增强了该地区的整体竞争力。此外,俄罗斯与中亚国家1992年签署的《集体安全条约》也是中亚地区具有军事同盟性质的安全保障机制。

扩展区主要包括南亚和东欧两个次区域。南亚各国在冷战结束后逐渐放弃了独自寻求安全的模式,走上了以区域主义为主的合作安全道路。通过各方的协商,当前南亚地区各国已初步形成了和平、互信的地区安全环境。2008年,南亚区域合作联盟(SAARC)第15届首脑会议成功举办,重点讨论了粮食安全、能源危机、恐怖主义威胁等问题并提出了应对措施,切实推动了地区安全合作的发展。东欧地区的安全合作是基于独联体安全系统并围绕着与俄罗斯的关系展开的,没有呈现复杂的网络化互动模式。其中,白俄罗斯与亚美尼亚对俄罗斯形成较强的安全依赖,通过集体安全条约组织与俄罗斯构建了排他性的军事政治同盟。乌克兰、摩尔多瓦与俄罗斯的区域安全战略存在较大分歧,"去俄罗斯化"倾向比较强烈,没有加入集体安全体系,成立了"古阿姆"组织。

刘海泉指出,辐射区的安全本质上不属于我们开展"一带一路"战略所考虑的重点。实际上,近代以降,欧洲都是世界活动的轴心,它的安全保障问题也一直都是世界安全保障问题。在经历了反对拿破仑战争、第一次世界大战、第二次世界大战之后,欧洲最终形成了一个较为确定的安全格局。它主要靠欧盟、北约、欧洲安全组织合力推进。这部分工作,严格来说,与"一带一路"没有关系。推进"一带一路",中国要考虑自己的能力范围,不能去解决那些我们没有能力解决的问题,辐射区安全保障就属于这类问题。我们需要做的是,在欧洲地区尽力推动经济合作、文化交流,毕竟欧洲的安全还是有保障的。[88]

"一带一路"关键词

## 陆军保驾

"一带一路"的很大一部分都在陆地上,要保障陆地安全,陆军自然首当其冲。中国的陆军还是颇有世界声名的。据国防大学乔良引述,英国元帅蒙哥马利曾警告世界:"谁要在陆上跟中国的陆军交手,谁就是傻瓜。"美军在朝鲜战争结束后的总结报告中也提出:"中国人绝对不能容忍美国大兵的军靴踏到中国的陆地上。"这些都是对中国陆军过去辉煌的赞誉。我们在深感荣耀的同时,也应该反思:中国的陆军是否真的能够担当"一带一路"战略中保家卫国的任务,保障中国企业、公民在"一带一路"沿线的利益?

"一带一路"的陆地部分,沙漠、戈壁、沟壑丛生,同时还存在着大量的宗教极端组织、恐怖势力,甚至还存在一些亦兵亦匪的地方武装。在这种环境中保护中国国家利益、公民利益,就需要建设一支远程打击式的陆军,一支"轻快灵"的陆军。实际上,在"一带一路"区域曾经发生的那些陆上战事也在不断提醒着我们,传统的那种靠数量、靠厚重装甲的陆军已经越来越不适应"一带一路"沿线的安全保障工作了。

苏联在阿富汗的坦克损失比率甚至比二战的战损比率还高,就是因为它用传统的陆军思维、陆军装备、陆军战法应对"一带一路"上的特殊环境、特殊民众,最后落得个凄惨收场的结局。伊拉克在几次海湾危机中,也采用了类似于苏联的陆上战略,其结果也都不尽如人意。这说明,在"一带一路"区域,我们需要建设一支不同于传统陆军的新式陆军。

从美国、以色列的经验来看,一支以轻型坦克、直升机、陆军战车、火箭筒、反坦克导弹、肩扛导弹、全天候作战系统等作为主要设备,以 5000 人左右为一个基本战斗单元的"轻快灵"陆军,是"一带一路"上保障国家安全、公民利益的"标配"。这种作战模式既保证了火力,又保证了机动性、灵活性,还兼顾了远程快速打击、快速投送能力,是能够有效遏阻陆上威胁的新型陆军。未来我们在"一带一路"上的陆军,必须朝着这个方向努力。[89]

## 海军护航

要有效维护"一带一路"的海上安全,中国海军必须具备强大的力量投送能力。没有海上军事投送能力,海上通道保护将成为一纸空文。相对于陆军维护陆上安全来说,维护"一带一路"的海上安全面临的挑战要更大。《国防参考》指出,在"一带一路"的海域上,海军活动距离动辄上万海里,来回需要好几个月。

维护国家安全,保障企业与公民利益,光有善良的愿望和象征性的行动是远远不够的。要保障"一带一路"建设中的海上安全,我们需要转换思维,建设一支具有远距离投送能力、远距离打击能力,"跑得快、走得远、有威慑、能歼敌"的超现代化海军。

首先,需要在"一带一路"沿线建设一系列海军设施,以便于海军随时休整、补充。从战略角度来看,中国可以考虑在本国利益重大和密集的地区建立海外基地,作为海军舰艇的临时驻泊点和补

### "一带一路"关键词

给点,为海军行动提供必要的条件和强有力的支援,以延长海军在远海的驻留时间和提升执行任务的能力。针对海上丝绸之路的另一个必经区域印度洋,重庆市委党校徐瑶的建议是:"鉴于印度洋对于中国能源安全、航运安全与海洋勘探的决定性作用,中国应在实际操作中,选取沿线具有关键作用的战略要塞与海峡建立补给基地,有效结合相关国家应对诸如恐怖主义、海盗、走私、自然灾害等非传统安全威胁的实际需求,逐步发展成海外小型、机动、隐蔽、灵活的基地及设施体系。"

除了陆地港口外,另一个加大军事投送能力的举措就是建设成熟的航母编队。利用航母编队控制海上通道是保障国家利益的重要手段,也是美国、英国、法国、俄罗斯等海洋大国惯用的保障本国海上权益的基本手段。美国海军航母编队在全球重要海域和海上通道附近常年保持着机动作战力量,其中驻守亚太的美国海军第7舰队中的航母战斗群常年在南海和东海游弋,随时威慑着可能的敌人,保障着美国利益。中国未来必须建设起多个成熟的航母编队,尽快形成远海防卫作战能力,以有效维护"一带一路"海域的安全。

建设一支面向海洋、以行为编队为骨干、灵活投送兵力的"一带一路"海军,是中国"一带一路"战略落实所必需的,我们必须破除各种陈见,抓紧部署。实际上,美国在19、20世纪之交摆脱"孤立主义"对其海上政策的束缚的经历对我们也有参考价值。美国在"保护美国在海外的商业"的口号下,逐渐将海军力量投到了全球各地。中国在"一带一路"建设中,也可以借鉴美国的做法,在保护本国商业利益与海外公民的过程中,把海军推向全球,建设一支"全球机动性海军力量"。[90]

第七篇

# 境外声音与应对举措

# 第七篇
## 境外声音与应对举措

在现代社会,新闻媒体被称为"第四种权力",它的作用在某种程度上比政府、市场还要大。当然,舆论并非一定由新闻记者发出,政府部门工作人员个人、智库、社会名流、专家学者的观点经过新闻媒体的发酵,也会产生新闻舆论的作用。同时,我们在建设"一带一路"过程中,还应高度关注现有的与"一带一路"建设有所交叉甚至存在竞争关系的国际组织和商贸协定。在世界上某些传统大国的眼里,中华民族的复兴、中国的崛起,总不是一件好事情,总有些如芒在背的感觉。针对中国提出的众多大型国家战略,一些国家总要出台"反制措施",此次"一带一路"战略的施行也面临着国际上的各种"反措施"。

## 大使表态

各国驻华大使在中国的"一带一路"战略出台后,纷纷作出了表态。以下撷取了《决策与信息》中刊载的几个有代表性的说法:

## "一带一路"关键词

波兰驻华大使塔德乌什·霍米茨基:波兰会特别关注关于"一带一路"战略落实的具体内容,因为我们将"一带一路"视为一个很有前途、有利于波兰的计划。

乌克兰驻华大使焦明:和波兰政府一样,乌克兰政府和我个人特别感兴趣的是,中国将开展哪些实际步骤实施建设"丝绸之路经济带"的构想?因为乌克兰对有效参与这个重大项目有着重要前提和所有必备条件。

巴基斯坦驻华大使马苏德·哈立德:古今两条丝绸之路的特色都是开放和包容。和其他的区域一体化不同的是,中国提出的"丝绸之路经济带"建设的意愿是向所有国家和地区开放,与这些国家和地区分享经济发展带来的利益,实现合作共赢,并且为实现区域互联互通和一体化提供了可能。

印尼驻华大使苏庚:中国弘扬当年郑和下西洋的和平精神,加强海上丝绸之路与邻国的经贸合作和文化交流,将极大地造福这些国家与人民。尤其是作为"千岛之国"的印尼,非常欢迎中国这种互惠互利的双赢之举!

新加坡驻华大使罗家良:中国—东盟的对话伙伴关系是最具实质性的伙伴关系之一,东盟的发展与中国"21世纪海上丝绸之路"的提议相辅相成,我们能够共同应对挑战,化解分歧,也希望充分利用中国—东盟的商贸机遇。

马来西亚驻华参赞翁忠义:随着科技的发展和时代的转变,共建"21世纪海上丝绸之路"应注入高科技元素,如利用高端物流及港口设备发展高效物流、实现快速通关,利用高科技软件如电子商务平台以降低外贸成本及提升贸易效率。

埃及前驻华大使穆罕默德·贾拉勒:公元9世纪阿拉伯国家在同唐朝和宋朝建立经济文化往来时所做的贡献,是文明间联通交融的典范。中国提出的"一带一路"倡议基于中国传统、观念、原则和价值观,以及对经济、贸易、投资和文化等国际关系构想的软实力,而并非基于恶性竞争、对抗、战争等直接或间接的硬实力。如果历史能够成为未来的向导,那么人们可以预见:"21世纪海上丝绸之路"将大大推动中国同阿拉伯等地区的关系迈向一个全新的、前所未有的高度。

可以看出,真正处于"一带一路"上的国家都还是非常欢迎中国的"一带一路"战略的。这也说明,中国的"一带一路"战略对当事国来说是有益的、双赢的。[91]

## 智库支持

在国外的决策体系里,智库起着政府"外脑"的作用。虽然智库的观点不会都变成政府决策,但政府决策很多都来源于智库的思想。就此而言,智库的言论往往也代表着国外政府或迟或早的观点。以下摘录了《决策与信息》中刊载的几个有代表性的观点:

美国库恩集团主席罗伯特·劳伦斯·库恩:未来当后人翻开历史书的时候,他们会看到"一带一路"是中国更主动参与世界经贸发展和文明融合、与各国共同发展的壮举。"一带一路"理念的核心是促进文明共建,而不是冲突,互相尊重彼此对于发展道路的选择,坚持合作共赢。在实践方面,倡导和平对话,各方必须既要登高望远,也要脚踏实地,把握各种合作机遇,推动问题的解决。

缅甸战略与国际问题研究所秘书长钦貌林:"一带一路"构想会成为本世纪最重要的构想。随着这一极具逻辑性与可能性的构想的推行,在不久的将来,它不但会影响中国与东盟国家的关系,也会影响东盟与南亚、中亚、中东、非洲以及欧洲等地区的关系。"一带一路"的建设是共赢的一种理念,更需要各方共建的举措,这不仅仅是中国的责任,每个参与者都应开放共享,贡献自己的力量。

英国华誉风险管理咨询公司总裁沙学文:我出生在埃及,现在生活在中国。从这个角度看,我是出生在丝路的一端,生活在丝路的另一端。海上丝绸之路已经有两千多年的历史,"21世纪海上丝绸之路"最可贵的就是它秉持了南南合作的精神,坚持中国与沿线国家的共建、共荣、共享,成为命运共同体。

伊朗驻华大使馆首席研究顾问阿里·比尼亚兹:中国提出共同建设"21世纪海上丝绸之路",积极推动沿线各国在政治、经济、文化等各领域的交流与合作,推动沿线各国共同繁荣、共同发展,说明快速崛起的中国始终保持着和平开放、拥抱世界的姿态,中国正在变得更大,未来在国际社会中可以扮演更重要的角色。

俄罗斯国立高等经济大学世界经济与世界政治系教授、莫斯科国立国际关系学院东亚与上海合作组织研究中心主任卢金:我们欢迎中国做出对亚太经济和南亚经济有利的举动。俄罗斯非常重视南亚等周边地区稳定,中国提出共同建设"21世纪海上丝绸之路"的倡议,将会为这些地区带来经济发展的机遇,而经济发展有利于解决地区稳定的问题。

美国纽约大学东亚研究所教授詹姆士·派克:建设海上丝绸之路将为沿线国家共谋发展、共同繁荣提供新的契机,这具有"全球性"的重要意义。对于未来将要发生的积极变化,我非常乐观,充满信心。⑫

## 德国看法

《学习时报》刊文指出,德国的中国问题专家大都谙熟中国国情,还有一部分学者,比如墨卡托中国研究所所长韩博天、德国国际政策与安全研究所亚洲研究小组研究员高亭亭,精通中文,对中国目前围绕"一带一路"战略构想展开的讨论也都比较了解,他们经常与中国的学术界进行交流,自身对"一带一路"也有着一些认识。

就主流观点而言,德国专家学者认为"一带一路"战略构想的出台是中国面对以美国、俄罗斯为代表的大国外交作出的积极应对。例如,高亭亭从三个方面分析了中国"一带一路"战略构想出台的具体背景:首先,中国没有参加美国近年来力推的"跨太平洋伙伴关系协议"和"跨大西洋贸易与投资伙伴协议","一带一路"战略构想的出台是中国针对美国"重返亚太"政策而作出的反应;其次,"一带一路"也可以被理解为中国应对2011年美国提出的"新丝绸之路战略"的举措;最后,"一带一路"还是对俄罗斯总统普

### "一带一路"关键词

京 2011 年提出的"欧亚一体化"设想的回应。

在德国专家学者的眼里,"一带一路"产生的前提是中国应对美国、俄罗斯而提出的。在这个前提下,他们认为"一带一路"是个"好东西",有着"积极意义"。比如,墨卡托中国研究所研究员鲁道尔夫认为,"一带一路"战略构想并非只是简单地将中国和欧洲连接在一起,而是旨在建设一个以中国为中心的跨地区基础建设网络。这一网络包含油气管道、铁路和深海港口等,将是一个长期项目,至少需要几十年才能建成。中国通过新丝绸之路倡议加大了将其政治和经济抱负转向海外的力度。高亭亭认为,"丝绸之路经济带"的提法绝非空洞而肤浅的辞藻,也不只是一个历史符号的回归,而是凝聚了中国政府长期发展与欧亚邻国关系的努力。一直以来,包括德国在内的西方世界将中国的崛起和中国新的地区优势地位锁定在亚太地区,较少关注中国在其西部邻国的积极作为。"一带一路"战略构想的出台标志着新一届中国政府在外交上更加自信,并已作好准备,将其影响力扩大到欧亚区域,直达欧洲。2014 年,德国席勒研究所创始人拉鲁什在接受多家媒体有关中国"一带一路"战略构想的采访时指出,老丝绸之路为人类开启了一个相互理解的时代,新丝绸之路将携手现代科学技术,给人类带来更多的文明成果,是人类发展新纪元的开端。此外,新丝绸之路会带来一个比现在更人道的时代,人们不再通过战争化解冲突,而是通过更紧密的沟通联系实现共同目标,有助于构建世界和平新秩序。[93]

# 第七篇
境外声音与应对举措

## 美国看法

与美国政府第一反应是"抵制""反制"不同,美国专家学者的观点要全面、温和很多。大多数美国专家学者都从"一带一路"有助于创造就业、释放产能的角度认识和理解它。他们认为,从全球和历史角度来看,中国面临的生产力过剩和对外输出问题并不是独一无二的。美国在20世纪20—30年代曾面临生产力过剩的问题并将过剩产能输出,日本在20世纪80年代做了同样的事情,韩国随后也予以效仿。鉴于此,中国完全可以仿效发达国家历史上的做法,直面关于产能过剩的指责。中国还可以借鉴美国和日本解决产能问题的经验,结合自身背景应对这一问题。

部分美国专家还认为,"一带一路"战略将给中国带来很多积极因素。从经济角度来看,重建这一历史悠久的贸易路线能够创造就业,并提供中国发展所需的资源。在中国找到产能过剩的内部解决方案以前,海外释放是一个很好的办法。"一带一路"不仅能为中国带来就业机会,也能帮助中亚地区创造就业。在政治层面,"一带一路"可以平衡俄罗斯在中亚地区的影响。但是,在这些地区投资的地缘政治风险也不容忽视。很多美国专家也承认,他们并不很了解"一带一路"战略,因为美国与中亚各国的接触不多。

也有若干美国学者对"一带一路"进行了深入研究,并出版了《从丝绸之路到世界大陆桥》的学术专著。全球信息策略华盛顿办

### "一带一路"关键词

公室主任威廉·琼斯、国际席勒学会主席黑尔佳·策普-拉鲁什就是这本书的作者。他们认为,"一带一路"是眼下全世界最为重要的战略倡议,是避免战争的有效战略。应该通过"一带一路",将世界各国用互利互惠的洲际基础设施走廊联合在一起,并通过这个项目,为世界提供一种建立在理智基础上的经济与政治新秩序。他们还认为,人类命运究竟如何,就看新时期的丝绸之路能否通过包括中国、美国和欧洲国家在内的所有国家都参与的双赢政策,实现顺利建成世界大陆桥的目的。如果我们永远摒弃地缘政治这一思维,并且团结在以整个人类联合起来的人类共同体的周围,我们就能成为人类新纪元的自觉创造者。

威廉和黑尔佳还认为,跨大西洋体系是一种强调"服从"、透着帝国主义味道的过时体制。目前,世界已经进入了一个"你中有我,我中有你"的新常态,各国彼此间紧密联系,优势互补,进入了重要的战略机遇期。在这种大背景下,跨大西洋体系早已不适应时代要求。中国提出的"一带一路"战略计划翔实,范围广泛,涉及国家、地区之多,受益面之大,古未有之。实践表明,共建"一带一路"逐步成为各国走向共识的合作构想。这一战略不仅仅有利于沿线国家的发展,更会惠及亚欧乃至全世界。如果中美能够携手,共同致力于"一带一路",致力于欧亚大陆桥乃至世界大陆桥的建设,整个世界都将受益,相信"一带一路"倡议一定可以将不同制度、不同文化、不同发展水平的国家团结起来,为世界的和平稳定与发展描绘一幅宏伟的蓝图。[94]

第七篇
境外声音与应对举措

## 韩国看法

韩国《中央日报》中国研究所所长韩友德认为,"一带一路"是中国新一代领导人为了实现"强汉盛唐"的中国梦而提出的一项国家与民族的复兴战略。他指出,中国国家主席习近平在2012年11月提出了"中国梦"的概念:"实现中华民族伟大复兴,就是中华民族近代以来最伟大的梦想。"一年以后,习近平在访问哈萨克斯坦和印度尼西亚时提出了"一带一路"的构想,其本意在于激活两千多年前的古代物流网,这一构想称得上是中国梦。

韩友德指出,最早使用"丝绸之路开发"这一表述的不是中国,而是美国。2011年9月,时任美国国务卿的希拉里·克林顿提出了"新丝绸之路倡议"。这一倡议的核心内容是帮助丝绸之路所经的中亚国家开发社会间接资本(SOC),帮助其实现贸易自由化。但是,希拉里所说的"新丝绸之路"现在已经不见踪影,已听不到"美国正在为中亚国家的经济发展做贡献"这样的话了。这源于美国只有口号,不投入资金。希拉里提出的议案中没有谈及钱的事情,只是提到了SOC开发,没有关于所需资金由谁来承担以及怎么筹集的蓝图计划。习近平的"一带一路"却不同,中国提议建立亚投行,并出资500亿美元。另外,中国还承诺会筹集400亿美元的新丝绸之路基金。帮助周边国家成长,实现共同发展的中国式"合作共荣"逻辑目前正在为全世界所接受。钱能产生力量,力量能创造逻辑。中国式的全球战略正在全球范围内被接受。

韩友德进一步认为,中国正式登上国际经济舞台的契机是2001年加入WTO。这表明,中国被编入了以美国为中心的西方国际系统中。但是,"一带一路"有所不同,不是编入西方体系,而是中国强烈希望制订标准,形成以中国为中心的势力圈。"一带一路"区域内用人民币交易的提议就说明了这一点,以中国为首的经济圈正在逐渐形成。

韩友德还表示,中国在推进"一带一路"战略的过程中主打的"王牌"是铁路,而时速达200公里以上的高铁就是武器。高铁在中国首次亮相是为准备2008年北京奥运会而开通的北京—天津路段的高铁。之后不到7年的时间,中国发展成为占有全世界约60%高铁(约1.6万公里)的"铁路强国"。现在,中国想让高铁走出国门,走向世界。连接老挝、泰国、新加坡的东南亚路线已经进入了设计阶段,听说经中亚到达欧洲的高铁也开始规划蓝图。铁路是衡量全球经济版图的标尺。英国和美国能掌控世界经济霸权,其动力正是铁路。美国19世纪末推进的大陆横断铁路建设,掀起了"走向西部"风潮,快速实现了经济统合。20世纪霸权的力量就是如此积累的。⑮

## 香港看法

2015年8月5日,《香港商报》刊文称,中国提出的迄今最宏伟的国际经济合作计划"一带一路",正一步一个脚印逐步落实,预计未来数年内沿线各国基建资金年均需求高达7300亿美元。香港在"一带一路"中的优势得天独厚,应该而且可以扮演重要角色,港

府和业界亟须积极推行针对性的务实举措,把握"一带一路"这实实在在的重大历史性机遇。文章的主要观点如下:

凭借优异的制度和地理优势,香港在"一带一路"中可充当十大重要角色,首先是最重要的国际融资枢纽。目前,香港已成长为世界第三大金融中心,拥有成熟、完善、规范的金融市场,"一带一路"带来的年均数千亿美元的新增国际融资需求,势必促进香港金融业扩容升级。

内地是"一带一路"的领头羊,宏大发展计划相继落实将意味着人民币国际化的逐步推进。香港作为全球最大的人民币离岸中心,人民币业务将迎来一个较长的增长期。金融业扩容令财富及风险管理需求急剧膨胀,将使香港成为全球最重要的国际资产管理、风险管理以及跨国企业财资中心。同时,"一带一路"东亚区的枢纽位置,也为香港贸易物流业带来长远增长动力。其他如充当全球多边协作运作支持中心,空、海航运中心,国际法律及解决争议服务中心,"一带一路"各国总部及专业服务支持中心,国际性人才培训基地,人文交流中心等,香港均占据优势地位。

文章还认为,有优势不代表一定赢。若故步自封,不思进取,优势也可能流失。从目前来看,港府正积极采取系列务实举措巩固优势地位,体现出专业、实干的施政风格。如在法例层面,港府准备在下个立法年度提交条例草案,修订《税务条例》,协助企业在港成立财资中心。同时,继续加强和"一带一路"沿线地区互访,商谈自贸协议以及促进和保护投资协议等,为港商拓展提供保障及便利。

在政策方面,港府亦与中央政府充分沟通配合,协助内地企业以港为基地"走出去",为内企提供专属服务,享受规模经济的优势并减少保险费用,把风险适当分散。由政府层面与内地相关省市以及"一带一路"沿线国家和地区开展联合路演活动,共同促进贸易和投资往来,为港企拓商机创造更有利的条件。

在金融方面,应该鼓励"一带一路"的企业在香港进行多渠道融资,充分发挥香港在大型基建、政府与社会资本合作(PPP)的投资模式中具备的丰富经验和成熟机制。

文章最后指出,业界亦需注目长远,早日部署实际行动,抢占"一带一路"巨大商机。例如,金融业需不断提升服务质量,完善和缔造更为多元化的融资渠道,尤其要加强人民币金融产品的服务与多元化。金融、会计、法律等专业服务业需积极拓展人才库,以满足新一波扩容期的需求增长。商贸、物流、旅游相关产业等也应积极向"一带一路"沿线国家外拓,把握几何级增长的新兴市场。[60]

## 台湾看法

中国台湾《旺报》刊文指出:大陆正在推动的"一带一路"战略,本质就是产业"走出去",输出内部的多余产能,打通东南亚的新兴市场,参与欧洲"后金融危机时代"重建,奠定在区域经济中的核心地位。中国大陆最高领导人习近平曾专门为此召开会议进行部署,并督促总体规划尽快出台。预计规划初期是大规模基础设施建设,随后是资源能源开发利用,最后是全方位贸易服务往来,带来多产业链、多行业的投资机会。大陆这一战略非常宏大,虽然还处在起步阶段,但若能成功实行,将产生巨大收益。大陆能够借此消化内部巨大的过剩产能,产业上可打通欧洲老牌市场与东协(东南亚国家联盟)新兴市场,提升自身技术水准,在未来的全球贸易布局中占得先机。

中国台湾地区学者普遍认为,关注"一带一路"战略,首先需要关心它对台湾企业的商机,而台湾企业要努力弄清楚这些商机。他们认为,台湾的参与可有近景和远景两个面向。近景方面,福建是海上丝绸之路的起点,台湾可通过加强闽台合作,参与"一带一路"战略,加强产业合作,共同开拓海外市场。除丝绸之路基金外,福州市政府将推动设立总规模100亿元人民币的基金,以推动"一带一路"建设,台商亦可从中获益。在大陆台商可积极关注"一带一路"战略带来的沿线关税减免、交通便利化与新的产能需求。此前,台泥董事长辜成允表示,2009年大陆出台抑制水泥行业产能过剩政策后,台泥只能通过并购扩充大陆产能,而在"一带一路"战略引导下,即可进入大陆周边地区,产生良性互动,对产能过剩的水泥业来说是重大利好。远景方面,台湾可寻求逐步加入"一带一路"规划,以及"十三五规划"中"一带一路"的相关内容,以加快台湾参与区域经济整合。需要注意的是,中国与东盟十国主导的"区域全面经济伙伴关系(Regional Comprehensive Economic Partnership,RCEP)"是"一带一路"框架下的重心。通过参与大陆的"一带一路"战略,可以帮助台湾进入RCEP等其他自由贸易框架,获得与东盟进行贸易的更大便利。

台湾屏东大学郑博文进一步总结了台湾专家学者的观点,他指出,在大陆积极建设"一带一路"过程中,台湾各界应主要做好两项功课:

### "一带一路"关键词

第一项功课是认识"一带一路"所涉各省、自治区的相关城市(镇)信息。"21世纪海上丝绸之路"与大陆沿海省市和自治区有关;"一带"则涉及大陆9个沿边省、自治区,这9个省份目前已设置147个口岸,与临境23个国家进行贸易,在未来"丝绸之路经济带"运作下,可能会成为世界经济发展的新动能。台湾省内相关智库与贸协应该早早规划,取得资料,让当局或工商团体、台商相关组织有所参考。实际上,大陆对沿边早已推动"边境经济合作区""重点开发开放实验区""海关特殊监管区""跨境经济合作区"等政策,相关智库与贸协也应尽速搜集整理相关资料。这四大政策与"丝绸之路经济带"战略绝对息息相关,"丝绸之路经济带"是四大政策的统合升级版。

第二项功课是对"一带一路"周边的23个国家进行更深入的认识,其中诸如中亚五国,向来是民众非常陌生的,因此要做多方的资料搜集与了解工作,让台商拓展贸易或投资时有所参考。同时,与大陆的边境城市做好连接,使台商有机会成为大陆与周边各国的中间人,从中取得新商机。对这些国家的资料,或许台湾高校、科研院所还比较少,但可多运用大学相关智库的出版品或研究报告,以了解这些边境国家及其城市发展的相关资料。[50]

## 海合会

习近平主席、李克强总理在不同场合都强调了"一带一路"建设中要依靠现有的国际组织、国际机制、国际架构,充分利用已有的各种利益共同体,以促进"一带一路"战略的完善与落实。在需要依靠的国际组织中,海合会是一个重要的、多次被提及的组织。

1981年5月25日,阿拉伯联合酋长国、阿曼苏丹国、巴林国、卡塔尔国、科威特国、沙特阿拉伯王国六个海湾阿拉伯国家的元首在阿拉伯联合酋长国开会,宣布成立"海湾阿拉伯国家合作委员会"(简称"海湾合作委员会"或"海合会"),并签署了委员会章程。海合会的宗旨是:加强成员国之间在各领域内的协调、合作和一体化;加强和密切成员国人民间的联系、交往与合作;推动六国发展工业、农业、科学技术,建立科学研究中心,兴建联合项目,鼓励私营企业间的经贸合作。其秘书处设在沙特阿拉伯王国首都利雅得。海合会现任秘书长是阿卜杜拉提夫·扎耶尼,2010年12月获任命,2011年4月履新,2014年4月连任。

海合会自成立以来,每年11月或12月轮流在六国首都召开首脑会议,至2014年12月共举行了35次。此外,自1999年起,每年在首脑会议之间召开一次非正式首脑磋商会议,迄今已召开14次。六国的外交、国防、内政、石油和财经等大臣(部长)也定期或根据需要召开会议。会议主要商讨六国和海湾、中东地区面临的政治、经济、外交、安全、军事等重大问题,互通情况,协调立场,共商对策,联合行动。在外交上,海合会六国均奉行务实、平衡的外交政策。面对当前新的国际和地区形势,六国积极参与国际和地区事务,开展多元外交。

自海合会成立之日起,中国即同其建立了联系。近年来,双方友好交往,共同发展。2010年6月,中国与海合会建立了战略对话机制并在北京举行了首轮对话,科威特副首相兼外交大臣穆罕默德、阿联酋外交国务部长卡尔卡什、海合会秘书长阿提亚与时任中国外交部长杨洁篪共同主持,并签署了《中华人民共和国和海湾阿拉伯国家合作委员会战略对话谅解备忘录》。2011年5月,"中国—海合会"第二轮战略对话在阿联酋首都阿布扎比举行,杨洁篪和海合会轮值主席国阿联酋外长阿卜杜拉共同主持了此次对话会议,科威特副首相兼外交大臣穆罕默德、巴林外交大臣哈立德、海合会下任轮值主席国沙特外交事务国务大臣迈达尼和海合会秘书长扎耶尼出席。2014年1月,"中国—海合会"第三轮战略对话在北京举行,会议由中国外长王毅和"海合会"轮值主席国科威特第一副首相兼外交大臣萨巴赫主持,海合会秘书长扎耶尼、下任轮值主席国卡塔尔外交大臣助理鲁梅黑、巴林外交国务大臣加尼姆、阿联酋外部长助理贾尔曼等出席。习近平主席集体会见了海合会代表团。

近年来,中国与海合会六国经贸、能源合作发展迅速。2014年,双方贸易额达1752亿美元,中国自六国进口原油1.02万吨。从长远来看,海合会是"一带一路"战略在西亚、非洲落地生根必须面对的重要国际组织。特别是在处理与阿拉伯国家的关系中,必须依靠海合会;在解决能源安全尤其是石油、天然气问题上,也必须处理好与海合会的关系。⑱

## 欧亚经济联盟

2014年5月29日,俄罗斯、白俄罗斯和哈萨克斯坦三国领导人在哈萨克斯坦首都阿斯塔纳签署《欧亚经济联盟条约》,宣布欧亚经济联盟将于 2015 年 1 月 1 日正式启动。该条约规定,欧亚经济联盟是国际性组织,俄、白、哈三国在联盟内拥有完全平等的权力,在联盟所属机构中拥有平等的表决权。目前,欧亚经济联盟已经正式投入运行,各项工作正在按计划推进。

从目标上看,根据《欧亚经济联盟条约》,俄、白、哈三国将在 2025 年前实现商品、服务、资本和劳动力的自由流动,其终极目标是建立类似于欧盟的经济联盟,形成一个拥有 1.7 亿人口的统一市场。欧亚经济联盟建立后,将保障商品、服务、资本和劳动力在三国境内自由流通,并推行协调一致的经济政策。从内容上看,《欧亚经济联盟条约》涉及能源、交通、工业、农业、关税、贸易、税收和政府采购等诸多领域,还列出了自由贸易商品清单,但其中不包含烟酒等敏感商品。

与欧盟设立欧元区有所不同,俄罗斯、白俄罗斯和哈萨克斯坦从未讨论过在欧亚经济联盟框架内使用统一货币。俄罗斯曾建议三国在欧亚经济联盟框架内实行统一的外贸政策,但《欧亚经济联盟条约》最终文本只规定俄、白、哈三国应协调外贸政策。此外,俄罗斯和白俄罗斯曾试图将国际合作、共同国籍、移民政策、签证、出口监管、边界安全等内容加入条约,但遭到哈方拒绝。

很显然,对作为主导国的俄罗斯来说,建立欧亚经济联盟的目的是推进地区整合,并更有效地与一切有可能的伙伴国发展联系。在西方制裁的背景下,俄罗斯在外交层面上必然更加积极地向东看,该联盟的建立也有助于俄罗斯更好地推进同亚洲一些国家的经贸联系。

因此,"一带一路"与欧亚经济联盟在目标、内容、地域等方面都有许多相似并可以合作的地方。俄罗斯分析人士认为,中国倡导的"一带一路"战略与俄罗斯主导的欧亚经济联盟对接前景广阔,可以有效带动沿线国家,尤其是上合组织各成员国基础设施建设和整体经济的全面发展。普京也指出,这两大发展战略的对接有助于加强双方在高科技、交通和基础设施等领域的合作,特别是推动俄罗斯远东地区的发展,这也是在促进欧亚地区一体化方面迈出的关键步伐,同时还将给亚洲、欧亚地区乃至欧洲带来发展机遇。

中俄两国已于 2015 年 5 月 9 日签署《关于丝绸之路经济带建设和欧亚经济联盟建设对接合作的联合声明》。根据联合声明,俄方支持丝绸之路经济带建设,愿与中方密切合作,推动落实该倡议。中方支持俄方积极推进欧亚经济联盟框架内一体化进程,并将启动与欧亚经济联盟经贸合作方面的协议谈判。⑨

## TPP

2015 年 10 月 5 日,泛太平洋战略经济伙伴关系协定(Trans-Pacific Partnership Agreement,TPP)取得实质性突破,美国等 12 国就 TPP 达成一致,引来了世界各地特别是中国各界的广泛关注。有舆论认为,这是美国等对中国牵头主导的"一带一路"建设的反制措施,中国必须认真面对。那么,TPP 是什么?包括哪些国家?缘何如此重要?协定达成意味着什么?这份协定对中国意味着什么?华尔街见闻网站通过九大要点,对 TPP 的关键内容及其深远影响作了全面准确的解读：

第一，TPP由美国主导，最早于2010年之前启动。TPP谈判由两大部分构成：一是知识产权保护规则等所有12个谈判参与国一起决定的领域，二是诸如某种物品关税减免等双边磋商领域。12个谈判国同意进行自由贸易，并在投资及知识产权等广泛领域统一规范。文莱、智利、新西兰和新加坡是最初参与国。此后，美国、加拿大、墨西哥、日本、越南、澳大利亚、秘鲁、马来西亚也加入进来。TPP12个参与国加起来占全球经济的比重达到40%，超过欧盟。

第二，TPP不仅与贸易有关，也与地缘政治相关。TPP常被认为是美日联合遏制中国的协议。在TPP达成一致后，奥巴马发表评论称，TPP将给予美国工人应有的平等权利和机会，美国不允许中国等国家来书写全球经济的规则。TPP协定将制订21世纪全球经济在众多领域的规则。奥巴马认为，TPP是这样一个协定，它能使各国通过更高的贸易准则，促进经济增长。通过TPP，市场在放开的同时，还能保护工人的权利和环境，使发展更加可持续。

第三，TPP的达成，也意味着美国和日本间自由贸易协定的达成。美国和日本经济体规模都位列全球前三，此前两国没有达成过双边贸易协定。日本于2013年加入TPP对话谈判，这促进了美日在汽车、牛肉、大米、猪肉等多领域的单独对话，两国间的贸易障碍将减少。TPP将使日本经济和供应链进一步与北美融合。TPP协定对日本首相安倍晋三来说至关重要。一直以来，安倍晋三表示，TPP协定有助于日本急需的结构化改革。日本结构化改革将促进日本经济增长潜力。

第四,中国不在 TPP 中,但未来可能会。尽管 TPP 常被认为是美国希望制约中国的协定,但近年来美方立场有所软化。中国曾表示将密切关注 TPP 的进程。许多美国商界人士认为,TPP 协定若想真的履行,需要更多的国家加入,特别是中国加入。

第五,TPP 将使贸易协定在环境和劳工标准上有新的突破。2007 年起,美国就被要求在贸易协定中商讨环境和劳工问题。TPP 首次让相关承诺能够得以履行,如果不能履行,将面临贸易制裁。例如,TPP 有助于减少贩运濒危物种、缓解过度捕捞等问题。马来西亚、越南等国将不得不遵守劳资条款。雇主不能扣押移民过来的工人的护照,或向他们收取额外费用。在越南,政府要给予工人更多的自由,允许创建工会联合会的对手,加强竞争。此外,TPP 对最低工资也有要求。

第六,TPP 在很多成员国内部饱受争议。2015 年加拿大大选进行过程中,TPP 是竞选者热议的话题之一。新民主党领袖汤姆·穆凯尔表示,如果他所在的党赢得了大选,将不会推行 TPP。结果,最终赢得大选的是自由党。TPP 在美国也受到强大的阻挠。共和党党内选票领先者特朗普已经明确表态将反对 TPP。美国劳工组织和环保组织对 TPP 持有明确的反对态度。大量抗议者曾聚集在会议酒店门前,高喊"停止 TPP"。部分民主党议员对奥巴马所谓的"TPP 将帮助美国工人"的说法产生了怀疑,左翼阵营反对者更是要求民主党议员放弃支持该协定。

第七,TPP 在一定程度上将涉及汇率操纵问题。在美国,汇率操纵是最受争议的问题之一。日元走弱,使丰田公司及其同行获得竞争优势。美国汽车业及其在美国国会中的支持者要求 TPP 将"禁止汇率操纵"纳入其中。美国汽车行业要求通过贸易制裁的方式确保汇率协议的履行。TPP 成员国都是 IMF 成员,大多也在 G20 中。IMF 及 G20 对成员国都有汇率方面的要求。《金融时报》援引知情人士透露的消息,称 TPP 将对成员国在汇率操纵问题上有更高的要求,包括单独和定期磋商。不过,禁止汇率操纵可能很难被纳入 TPP 的正式组成部分之中。TPP 成员国财长及央行行长同意履行平行协议,不因为本国出口商的利益而推动货币贬值。然而,没有成员国希望通过贸易制裁确保汇率问题的履行。

第八,TPP 可能引发的问题。TPP 下,中产阶级工人可能面临更多额外低廉劳动的竞争,这一点对汽车行业特别适用。TPP 对一些国家奶制品行业也有冲击。尽管政府承诺在未来 10 年保护农场的现有收入,但依然面临很大阻挠。此外,当企业通过民主方式起诉时,政府的决定可能在特别法庭被推翻。

第九,TPP 并非结束北美自由贸易协定。TPP 并非意味着北美自由贸易协定的结束,也不代表 TPP 将取代北美自由贸易协定。尽管在两者有冲突的地方,TPP 会更占上风,但奥巴马曾表示,将切实积极履行包括劳工和环境在内的新协定。⑩

## 重返亚太

2010 年,美国高调宣布"重返亚太"。有评论指出,实际上,这只是个障眼法,因为它一直没有离开过亚洲。美国之所以高调宣布"重返",只是想向世界表态,它要认真地对待中国的崛起,要开始有针对性地反制中国的各种计划、战略。

美国"重返亚太",是一个全方位的战略。按照美国前国务卿希拉里·克林顿的说法,"重返亚太"主要有六大目标:一是"加强双边安全联盟";二是"深化我们与新兴大国的工作关系,其中包括中国";三是"参与区域性多边机构";四是"扩大贸易和投资";五是"打造一种有广泛基础的军事存在";六是"促进民主和人权"。

国家信息中心预测部王江昊指出,随着"重返亚太"战略逐步实施,美国孤立中国的努力不断加码,导致中国和平发展的外部环境发生了显著变化,加之第一轮经济全球化的红利几尽消失,对外经济政策需要进行新的调整。这其中,处理好与周边国家的关系更显得非常重要。

中共十八届三中全会进一步提出:"加快同周边国家和区域基础设施互联互通建设,推进丝绸之路经济带、海上丝绸之路建设,形成全方位开放新格局。"虽然"一带一路"只是一项增强中国与周边国家经贸关系的战略构想,并不涉及政治和军事领域,但仍引起了美国方面的重视。在美方看来,中国推进"一带一路"建设可能会对其主导的TPP谈判造成冲击,损害其在亚太地区的经济利益。更何况,在历史上,丝绸之路不仅是一条重要的国际贸易通道,而且也是中国作为地区性强国向外展示实力、维护地区秩序的"重要通道"。在"重返亚太"战略的指引下,美国为了维护自身经济利益和亚太地区主导权,必然会对中国推进"一带一路"建设的努力采取各种干扰措施。

可以预见,在"重返亚太"战略的指导下,美国必将更加频繁和深入地介入亚太事务,中国任何深化与周边国家关系的行为均将被美国视为威胁。因此,美国因素将成为影响中国"一带一路"建设成败的重要因素。[20]

## 经济掣肘

美国、日本除了在地缘政治上反制中国的"一带一路"战略之外,还在各种经济贸易政策上掣肘中国的"一带一路"战略。

截至2013年底,中国已经是与全球124个国家存在贸易关系的世界第一大贸易国,"丝绸之路经济带"途经的哈萨克斯坦、乌兹别克斯坦、俄罗斯、吉尔吉斯斯坦、土库曼斯坦、伊朗等国的第一或第二大贸易伙伴都是中国,东盟整体的第一大贸易伙伴和第一大出口目的地也是中国。在贸易发展的同时,"一带一路"沿线国家希望与中国进一步展开生产建设、金融服务、文化交流、生态保护等方面的合作。在这种背景下,中国提出了"一带一路"战略,并开始筹建亚投行和丝绸之路基金。

美国为了维持自己在全球范围内的"经济警察""政治警察"地位,做了大量的工作以反制亚投行和丝绸之路基金。

美国反制亚投行的办法就是抵制它,鼓动、威胁其他国家不要参与它。根据各国签署的《筹建亚洲基础设施投资银行备忘录》,亚投行的法定资本金为1000亿美元,各意向创始成员国将以GDP衡量的经济权重作为其股份分配的基础。也就是说,在这些创始

## "一带一路"关键词

成员国中,哪个国家的 GDP 数额大,这个国家就需要为法定资本金多做贡献。经济学家郎咸平指出,这个规定实际上最有利于美国,因为美国的 GDP 数额遥遥领先于世界上其他国家。但是,美国考虑到加入亚投行可能会失去自己的主导权。更重要的是,这个银行是为基础建设服务的,而美国在该领域相对于中国的比较优势并不大,这就使得美国加入亚投行之后可能正好给中国"做了嫁衣"。鉴于此,美国坚决抵制亚投行,甚至还鼓动、警告其他国家不要加入亚投行,这些做法都符合它反制中国的"一带一路"战略的基本思维。

顾名思义,丝绸之路基金就是为了加快"一带一路"建设所筹募的基金,这是落实"一带一路"战略的关键步骤。毕竟,"巧妇难为无米之炊",没有真金白银,各项工作都难于开展。美国破坏丝绸之路基金的做法更有些釜底抽薪的意味。美国深谙"没钱寸步难行"的真理,懂得如果破坏了丝绸之路基金,"一带一路"战略可能就失去了落实的凭借。于是,它在世界范围内活动,鼓动一些国家远离中国,抵制丝绸之路基金,甚至歪曲丝绸之路基金是中国经济下行之后,想通过筹集国际资金以为自己"埋单"。在美国的蛊惑下,还是有一些国家受了影响,本来积极的态度慢慢变得消极,甚至不可捉摸了。

同时,据腾讯财经报道,2015 年 5 月 21 日,也就是亚投行成立不到两个月之时,日本首相安倍晋三公布了将对亚洲基础设施项目融资规模扩大 30% 的计划。这表明了日本有意以此抗衡中国正在积极推广的一个新的区域投资银行。

安倍晋三宣布,要通过这一规划在未来五年发出约 1100 亿美元资金，通过多种渠道支持在亚洲的"高质量基础设施投资"，可能的方式包括扩大亚洲开发银行的放款能力以及日本政府的日元贷款规模。

为了与中国通过亚投行积极投放资金的方式有明显的区别，安倍晋三极力强调日本所资助项目的质量，指出日本的卖点是在节能技术上的优势和公共交通系统的完整性。

安倍晋三在日本经济新闻社主办的一次研讨会上，对与会的多名亚洲国家领导人说："我们需要将创新传播到亚洲的每一个角落，不应该让那些廉价但却低劣的产品有生存空间。"他强调："日本决意在提供资金上扮演重要角色，以此保证创新项目能在亚洲生根落地。"很显然，这是针对中国主导的亚投行出台的计划。

另外，日本还通过亚洲开发银行进一步反制中国发起的亚投行。在日本看来，一旦亚投行投入正常运营，中国的"一带一路"战略会因为有了资金保障而最终实现预期目标。若"一带一路"目标实现，中国将成为世界上与美国平起平坐的国家，这将使得日本失去话语权，失去大国地位。为此，日本特别强调亚洲开发银行的作用。

日本是总部位于马尼拉的亚洲开发银行的最大股东，该行的行长职位传统上一直由日本把持。在日本的操纵下，亚洲开发银行在近期公布融资计划，该计划打算将亚洲开发银行的放款能力从目前的 1530 亿美元进一步提升。这实际上是要跟中国发起的亚投行进行竞争，要抢亚投行的生意。[102]

## 重回制造业

在中国如火如荼地推动"一带一路"的同时,美国国内开始反思过去对制造业的态度。美国制造商协会提出,过去可能误解了所谓"信息化""后工业化"的含义,错误地把虚拟经济当成了工业化的方向,这使得美国乃至世界陷入了由虚拟经济诱发的长期经济低迷。美国制造商协会经"诊断"发现,世界的发展、人类的进步在根本上还是取决于实体经济的推动,而实体经济的关键环节就是制造业。基于这种判断,美国开始了"重回制造业"计划。

美国制造商协会提出,美国制造业复兴的四大目标是:美国成为世界上最优越的制造中心;美国制造业的市场占有率扩大到全球的95%;美国制造业拥有所需的优秀劳动力;美国制造业成为创新的引领者。

《学习时报》刊文介绍,为了保证"重回制造业"目标的实现,美国奥巴马政府推行了一系列保障性政策。这些政策主要集中在以下几个方面:

第一,减免企业的税收。奥巴马签署并颁布法律,通过减免税收抵消企业在美国投资新设备的成本,这其中包括为帮助小企业而签署减税的法律文件、暂时取消小企业投资资本利得税和提高小企业费用限制上限等措施。与此同时,奥巴马将2012年税收抵免扩大到企业投资于设备的全部费用,以刺激企业在美国的投资。

另外,奥巴马签署的 2000 亿美元的减税法案,使那些直接投资美国的企业受益。例如,新的抵扣税法将不再涵盖石油生产,通过收窄美国国内生产抵扣税法的范围,将其节约的资金用于重点支持制造业,并实行一项为期三年的新税收减免政策,用于支持那些投资于由于军事基地或大型企业关闭而造成大规模失业的金融项目。

第二,刺激新能源生产。《2009 年美国复苏与再投资法案》致力于刺激美国经济。其中,新能源生产领域的税收减免政策直接带动了包括新一代太阳能、风能和地热等清洁能源技术在内的投资项目的启动。另外,奥巴马还提出追加 50 亿美元税收抵免,以撬动美国约 200 亿美元清洁能源制造投资,从而为美国工人生产和组装风车和太阳能电池板提供担保。

第三,堵塞税收漏洞。《海外账户纳税法案》部分实施细则规定:截至 2011 年 12 月 31 日,居住在美国境内、在海外拥有 5 万美元以上资产或者居住在美国境外、在海外拥有 20 万美元以上资产的美国公民和持有美国绿卡的外国人都需要在 2012 年 4 月 15 日前向政府申报;藏匿海外资产而拒不申报被视为有意逃税,一经查出,会被处以高达 5 万美元的罚款,严重的还会被判刑。面对 2011 年 1.4 万亿美元的联邦财政赤字的财务负担,美国政府只能开源节流,而堵塞税收漏洞则成为开源的重要手段,其目标是针对美国公民利用外国投资账户逃税。[103]

"一带一路"关键词

# 季节计划

中山大学国际关系问题研究院庞中英教授指出,与中国一样,印度是全球公认的"崛起中"的权力强国。从权力运行的规律来说,崛起中的权力之间的关系并不是相互合作的,而是相互竞争的。中国目前对印度的外交政策口号是"更加紧密地发展伙伴关系"。但是,这只是一个理想主义的"目标",现实中远远不是这样"和谐"。两个同时崛起的国际权力中心本质上是竞争、冲突的,合作的余地当然有,尤其是在一些多边领域,但是多边合作即使很多,也很成功,对缓解双边冲突的作用也不会很大。

中国邀请印度加入"一带一路",共同建设"跨孟加拉国、中国、印度、缅甸经济走廊",但是印度并没有明确表示支持。印度著名中国问题专家谢刚认为,印度未表态支持"一带一路"的理由有四个:一是成本巨大,需要8万亿美元的大规模基础建设投入,印度无力也不愿投入,因为基础设施建设投入往往不一定意味着收益,存在着"亏本"的可能;二是"一带一路"涉及众多争议、动荡不安的地区,比如经过克什米尔地区,经过缅甸不稳定地区,经过不稳定弧形带等;三是担心被中国"包围",尤其是从海上、陆上恶化印度安全环境;四是担心美国的介入影响其独立自主性。这些担忧可以说是印度反制"一带一路"战略的借口与前提。

印度不支持"一带一路"不代表它不关心"一带一路"。印度国内实际上一直在从威胁和竞争的角度对"一带一路"做着"研究"。

在"研究"的基础上,印度推出了针对中国"一带一路"战略的反制措施,这就是"季节计划"(Project Mausam)。印度甚至在2015年1月干涉斯里兰卡的选举,其主要目的就是阻止"亲华"、支持"一带一路"建设的候选人连任。

截至目前,印度的"季节计划"在中国被报道得还很少。印度专栏作者阿基莱什·皮拉拉马里曾撰文指出:"印度使用其历史、文化和地理优势与中国的'海上丝路'计划竞争。""在印度洋地区的安全和贸易中,印度的地位和作用是独一无二的。印度的位置和权力使其成为印度洋地区秩序的组织者。理解了这一点,就知道目前的莫迪政府为什么发起了'季节计划'。这是莫迪政府外交政策中最为重要的倡议,目的是反制中国。"

"季节计划"规划了一个"印度主导的海洋世界",包括东非、阿拉伯半岛,经过南部伊朗到整个南亚,向东则通过马六甲海峡和泰国延伸到整个东南亚地区。这一地区在古代都是印度文明影响的范围。印度明确认为,这样一个"海洋世界",不仅是"贸易"的世界,而且是"安全"的地带。所以,印度海军的重点将是重建这样一个以印度为中心的秩序。[104]

## 东进战略

历史上,丝绸之路的兴衰与俄罗斯、奥斯曼帝国的兴衰密切相连。中国人民大学国际关系学院王义桅教授指出,"一带一路"的关键挑战,海上来自美国,陆上来自俄罗斯。

## "一带一路"关键词

当美国加紧"重返亚太"时,俄罗斯也开始加快推进"东进"战略。有评论指出,"东进"战略既是俄罗斯立足于民族复兴战略的内部需要,也是出于制衡美日、抢夺亚太战略主动权的外部考量,在某种程度上说也是对中国"一带一路"战略的一种回应。

俄罗斯首次举办亚太经合组织领导人非正式会议本身就表明俄罗斯要积极参与甚至主导亚太经济区域合作进程。俄罗斯首次举办如此重要的国际峰会的地址不是在经济发达的欧洲地区,而是在相对落后的远东地区的海参崴,更加明确地体现了俄罗斯要通过此次峰会展示自己作为亚太地区成员的地位并吸引各国资本投入其远东开发的意图。

俄罗斯的"东进"战略应该说是一个系统工程,是从政治、经济、地缘等多个方面齐头并进的。早在 2009 年,俄罗斯政府就陆续公布了旨在促进中东部地区发展的多个战略规划。2009 年底,时任总理的普京批准了《俄罗斯远东和贝加尔地区 2025 年社会经济发展战略》,提出分三个阶段实现远东社会经济发展水平到 2025 年达到全俄平均水平的目标。2010 年夏天,普京又签署了《俄罗斯西伯利亚地区社会经济发展十年战略》。普京于 2012 年 5 月再次就任总统后,又决定在中央政府增设专门的部级政府机构——远东发展部,部长由俄罗斯总统驻远东联邦区全权代表伊沙耶夫出任,从中央政府层面协调各部门力量开发远东地区。

近年来,俄罗斯在远东地区加大了实质性的投入力度。例如,为举办此次峰会,俄罗斯累计投入了 6793 亿卢布,在海参崴及其周边地区建成 50 余项工程,改建、扩建大批公用设施,加速了这座远东第一大城市的现代化改造。同时,俄罗斯也在加快远东地区公路和铁路等道路交通设施的建设进度,包括赤塔—哈巴罗夫斯克和哈巴罗夫斯克—海参崴公路项目,以及阿穆尔州至雅库特,进而通往科雷马的公路。此外,俄罗斯政府还在讨论成立投资发展东西伯利亚和远东地区的国家集团公司。该公司将负责建设东西伯利亚和远东 16 个地区的码头、道路、通信、机场等基础设施并开发当地自然资源,总投资将达到 32 万亿卢布。

在外交领域,俄罗斯近年来积极推进亚太外交。2011 年,俄罗斯首次加入东亚峰会,并参与东盟伙伴关系。2012 年,俄罗斯正式成为世界贸易组织成员国,并开始积极寻求与亚太各国建立自贸协定。与此同时,俄罗斯还积极寻求与中国、韩国、朝鲜乃至日本等国的经济合作,着力推动区域合作进程,如俄朝韩铁路线改造项目和俄朝韩天然气管道铺设项目。

在军事方面,俄罗斯加强了在亚太地区的兵力部署,特别是重点增强了海军力量的配置。俄罗斯从法国引进的头两艘"西北风"级两栖攻击舰就被部署在了海参崴。2012 年底,俄罗斯把已有的两艘"北风之神"级潜艇也部署到了太平洋舰队。俄罗斯战略航空兵不断派出远程轰炸机在日本海进行定期巡航,其太平洋舰队主力舰只也多次穿过日本控制的宫古海峡和对马海峡。俄罗斯还频频在亚太地区进行各种多边军演,演习频率和规模都创下了新高。

俄罗斯的"东进"战略虽然未宣称有什么国际目标,但在很多方面是与中国"一带一路"的设想是相悖的。例如,虽然当前俄罗斯在远东地区的发展急需国外资金,但它却对中国资本的进入持有非常谨慎的态度。就目前来说,中国在俄罗斯远东地区的投资水平并不理想,还落后于日本和韩国。这既是市场调节的结果,更

## "一带一路"关键词

是俄罗斯"东进"战略中已经设计好的。俄罗斯国内一直有一种意见,认为如果西伯利亚放任中国投资的进入,最终可能脱离俄罗斯而回归中国。考虑到历史上曾经发生过库尔扈特族人长途跋涉上万里路,一路冲破俄国反动贵族层层阻截而返回中国的故事,俄罗斯的远东开发战略或多或少总是排斥中国、中国企业的。[10]

# 参 考 文 献

① 《习近平在纳扎尔巴耶夫大学发表重要演讲》,http://cpc.people.com.cn/GB/74838/368833/;《习近平主席在印尼国会发表重要演讲》,http://www.xinhuanet.com/world/xjpynghyj/index.htm;殷淼:《中国的"一带一路"倡议将为世界经济开辟新的契机》,http://world.people.com.cn/n/2015/0918/c1002-27601197.html,2015 年 9 月 18 日访问。

② 万成才:《"一带一路"内涵丰厚 意义深远》,http://news.xinhuanet.com/world/2015-03/29/c_127632204.htm;郭宪纲:《"一带一路"是中国崛起的和平发展之路》,http://www.ciis.org.cn/chinese/2015-07/20/content_8084348.htm,2015 年 7 月 28 日访问。

③ 张建波:《误读"一带一路"?那是你了解的还不够》,http://politics.people.com.cn/n/2015/0328/c1001-26764891.html,2015 年 5 月 9 日访问;王义桅:《"一带一路"绝非中国版"马歇尔计划"》,载《求是》2015 年第 12 期。

④ 龙凯锋:《一带一路的重点、难点和亮点》,http://blog.ifeng.com/article/34904213.html,2015 年 5 月 9 日访问。

⑤ 龚婷:《"一带一路"对外传播宜"六多讲、六少讲"》,载《网络传播》2015 年第 4 期。

⑥ 王义桅:《一带一路的中国担当》,载《前线》2015 年第 7 期;管清友:《中国"一带一路"将改变世界经济版图》,载《化工管理》2015 年第 1 期;赵超霖:《"一带一路"难解钢铁产能过剩之忧》,载《中国经济导报》2014 年 11 月

"一带一路"关键词

27日;余家豪、查道炯:《细数"一带一路"上的能源投资机会和风险》,http://www.china-nengyuan.com/news/75293.html,2015年5月15日访问。

⑦ 张建波:《误读"一带一路"？那是你了解的还不够》,http://politics.people.com.cn/n/2015/0328/c1001-26764891.html;《国资报告|澄清被误读的一带一路》,http://mt.sohu.com/20150611/n414826577.shtml,2015年5月9日访问。

⑧ 赵周贤、刘光明:《"一带一路",中国梦与世界梦的交汇桥梁》,载《人民日报》2014年12月24日。

⑨ 王湘穗:《发展与安全:一带一路的两翼》,载《中国投资》2015年第7期。

⑩ 《科斯:缺乏思想市场是中国经济险象丛生的根源》,http://finance.ifeng.com/news/special/2012cjnh/20111215/5276266.shtml;韩梅:《日媒:"一带一路"战略促进中国思想开放》,http://japan.people.com.cn/n/2015/0212/c35463-26557026.html,2015年5月16日访问。

⑪ 鲍盛刚:《什么是"中国世纪"？》,http://www.aisixiang.com/data/85863.html,2015年6月10日访问。

⑫ 王洪一:《一带一路与万隆精神,迸发"速度与激情"》,http://opinion.cntv.cn/2015/04/22/ARTI1429672868569552.shtml;张加宁、刘乐:《印尼驻华大使苏庚:一带一路构想与万隆精神不谋而合》,http://world.gmw.cn/2015-04/22/content_15446874.htm,2015年6月10日访问。

⑬ 黄昆仑:《"一带一路":连通中国梦与世界梦的大战略》,载《解放军报》2015年4月17日。

⑭ 《宏观专题:中国领头的雁阵模式是"一带一路"的真实内涵》,http://finance.qq.com/a/20141201/009621.htm;《雁行理论》,http://baike.haosou.com/doc/1558154-1647109.html,2015年10月9日访问。

⑮ 张茉楠:《"一带一路"引领中国未来开放大战略》,载《中国中小企业》2015年第3期。

⑯ 叶小文:《中美如何走出"修昔底德陷阱"》,载《人民日报》(海外版)2014年6月21日。

⑰ 毛玉西、吕顺景:《中巴经济走廊:"一带一路"推进的"示范区"》,载《广州日报》2015年4月19日。

⑱ 张玉杰:《"一带一路"是中国建设大棋局中的棋眼》,载《决策与信息》2015 年第 4 期。

⑲ 冯并:《"一带一路":全球发展的中国逻辑》,中国民主法制出版社2015 年版。

⑳ 赵磊:《新疆、陕西、甘肃在"一带一路"战略中的比较优势与相关建议》,载《西部大开发》2015 年第 3 期。

㉑ http://baike.baidu.com/view/15103938.htm,2015 年 5 月 8 日访问。

㉒ 孙存良、李宁:《"一带一路"人文交流:重大意义、实践路径和建构机制》,载《国际援助》2015 年第 2 期。

㉓ 杨勇:《都市圈是"一带一路"战略实施的重要载体》,载《重庆日报》2015 年 5 月 7 日。

㉔ 胡昊、王栋:《推动中国民间组织积极参与"一带一路"建设》,载《公共外交季刊》2014 年冬季号第 7 期。

㉕ 倪铭娅:《一带一路规划欲出 慢牛行情再被催热》,载《中国证券报》2015 年 2 月 2 日。

㉖ 《国家税务总局〈关于落实"一带一路"发展战略要求做好税收服务与管理工作的通知〉》。

㉗ 商务部令 2014 年第 3 号《境外投资管理办法》。

㉘ 朱贤佳:《海关总署多举措扶持"一带一路"建设》,http://news.cnstock.com/news/sns_yw/201502/3333010.htm,2015 年 5 月 15 日访问;哈斯叶提·居玛:《海关总署支持新疆开放型经济发展政策宣讲会提出打造便利高效通关环境》,载《新疆日报》2015 年 2 月 3 日。

㉙ http://baike.haosou.com/doc/7707961.html,2015 年 5 月 11 日访问。

㉚ 《丝路上的那些事》,载《中国国土资源报》2014 年 5 月 24 日。

㉛ 洪海亮:《北方游牧民族为何离不开中原的茶叶》,载《传奇故事·百家讲坛下旬》2010 年第 4 期;http://baike.haosou.com/doc/5879001-6091873.html,2015 年 5 月 12 日访问。

㉜ 钱云:《丝绸之路的绿洲保障体系》,载《北京林业大学学报》(社会科学版)2011 年第 4 期。

㉝ 同上。

㉞ http://baike.haosou.com/doc/5771654-5984427.html;廖肇羽:《古代西

域双轨运行机制与社会结构》，载《社会科学战线》2011 年第 10 期；黄现璠等编著：《壮族通史》，广西民族出版社 1988 年版。

㉟ 程喜霖：《唐代过所研究》，中华书局 2000 年版。

㊱ 钱云：《丝绸之路的绿洲保障体系》，载《北京林业大学学报》（社会科学版）2011 年第 4 期。

㊲ 王晋军：《从文明和解到文化复兴——文化学者朱大可教授访谈录（上）》，载《中国文化报》2014 年 1 月 23 日。

㊳ 杨思灵：《“一带一路”：印度的回应及对策》，载《亚非纵横》2014 年第 6 期。

㊴ 冯并：《“一带一路”：全球发展的中国逻辑》，中国民主法制出版社 2015 年版。

㊵ 席龙飞：《郑和精神永放光芒》，载《中国水运报》2005 年 6 月 1 日。

㊶ http://zhidao. baidu. com/question/345996842. html，2015 年 6 月 10 日访问。

㊷ http://baike. baidu. com/view/3362085. htm，2015 年 5 月 16 日访问。

㊸ 刘仰：《海禁不等于闭关锁国》，http://blog. sina. com. cn/s/blog_4134ba9001000cc1. html，2015 年 5 月 14 日访问。

㊹ http://baike. haosou. com/doc/1882372-1991485. html，2015 年 6 月 10 日访问。

㊺ http://www. 360doc. com/content/14/1217/12/16925076_433591212. shtml；http://baike. haosou. com/doc/867480-917198. html，2015 年 5 月 9 日访问。

㊻ 赵阳阳：《略论古代丝绸之路中西动植物物种的交流》，载《历史教学问题》2015 年第 1 期。

㊼ 姚伟钧：《西域来的蔬菜瓜果》，载《光明日报》2014 年 11 月 19 日。

㊽《棉花的历史》，http://www. xjkunlun. cn/wnfw/mhcy/wnfw/2011/2170101. htm；http://baike. haosou. com/doc/2179277-2305986. html，2015 年 5 月 16 日访问。

㊾ 卓新平：《丝绸之路的宗教之魂》，载《世界宗教文化》2015 年第 1 期。

㊿ 同上。

(51) 同上。

(52) http://www. 360doc. com/content/14/0325/16/14566223 _ 363636127. shtml; http://wenda. haosou. com/q/1366782172065824, 2015 年 5 月 14 日访问。

(53) http://baike. haosou. com/doc/4922064-5141209. html, 2015 年 5 月 13 日访问。

(54) 陈新海:《论丝路地区的尚武精神与民族体育》,载《西北史地》1997 年第 4 期。

(55) (宋)司马光编撰:《资治通鉴 · 赵武灵王胡服骑射》。

(56) 王雪婷:《杨达卿:“一带一路”构筑中国物流战略通道》,http://city. ifeng. com/special/chinacity57/,2015 年 6 月 10 日访问。

(57) 荀晓晖:《借“一带一路”东风扬帆起航》,载《国际工程与劳务》2015 年第 3 期。

(58) 周密:《探寻“一带一路”上中国工程的新方向》,载《国际工程与劳务》2015 年第 3 期。

(59) 白文亭:《“一带一路”助推电力设备走出去》,载《电气时代》2015 年第 2 期。

(60) 王东平:《“一带一路”带动经济专用车迎来新机遇》,载《重型汽车》2015 年第 3 期。

(61) 王雅文:《“一带一路”带火旅游产业》,载《北京青年报》2015 年 4 月 21 日。

(62)《“一带一路”打通东联西出大通道 光伏抢先布局》,http://news. ts. cn/content/2014-11/19/content_10728763. htm;陈启任:《中国光伏产业布局“一带一路” 摆脱欧美“双反”困扰》,http://www. chinanews. com/cj/2015/04-15/7210278. shtml,2015 年 5 月 16 日访问。

(63) 刘青山《一带一路:中医药国际化的新风口》,载《企业观察报》2015 年 6 月 16 日;齐欣:《“一带一路”战略补中药出口“短板”》,载《医药经济报》2015 年 2 月 16 日;老庄:《引领中药产业国际绿色发展之路》,载《中国中医药报》2015 年 7 月 2 日。

(64) 程宝栋、秦光远、宋维明:《大国战略拓展林产品贸易空间》,载《中国绿色时报》2015 年 4 月 9 日。

(65) 吴亮、史晨:《瞭望智库:“一带一路”朋友圈怎么建?》,http://www.

lwinst. com/index. php? m = content&c = index&a = show&catid = 29&id = 5403，2015 年 5 月 17 日访问。

(66) 赵志刚：《“一带一路”金融区域化路径》，载《中国金融》2015 年第 5 期；曾培炎：《抓住“一带一路”倡议新机遇 加强亚洲金融合作》，载《全球化》2015 年第 2 期。

(67) 倪铭娅：《金融加码支持一带一路：海上丝绸之路银行正筹建》，载《中国证券报》2014 年 11 月 13 日；王尔德：《民营企业是参与“一带一路”建设的中坚力量》，载《21 世纪经济报道》2015 年 3 月 9 日。

(68) 赵志刚：《“一带一路”金融区域化路径》，载《中国金融》2015 年第 5 期。

(69) 郁鸿胜：《泛金融人才在“一带一路”五通中非常重要》，http://finance.ifeng. com/a/20150627/13802586_0. shtml，2015 年 10 月 9 日访问。

(70) 李江涛：《高端装备制造企业响应“一带一路”战略的思考》，载《国际工程与劳务》2015 年第 3 期。

(71) 刘华芹：《积极实施“走出去”战略 助推“一带一路”建设》，载《国际商务财会》2015 年第 2 期。

(72) 刘海泉：《“一带一路”战略的安全挑战与中国的选择》，载《太平洋学报》2015 年第 2 期。

(73) 同上。

(74) 赵天一：《中缅经贸合作该向何处去?》，http://www. 21ccom. net/articles/world/zlwj/20141208117237. html，2015 年 5 月 8 日访问。

(75) 王国乡：《也门撤侨——“一带一路”要警惕》，http://www. guancha. cn/WangGuoXiang/2015_04_01_314409. shtml，2015 年 5 月 14 日访问。

(76) 冯并：《“一带一路”：全球发展的中国逻辑》，中国民主法制出版社 2015 年版。

(77) 刘志鹏：《“一带一路”下的海外信用风险管理》，载《今日工程机械》2015 年第 2 期。

(78) 金荣奎：《规避法律风险畅通贸易渠道——中国企业参与“一带一路”战略应该掌握的法律常识》，载《中国邮政》2015 年第 3 期。

(79) 杜雯翠：《谋划好绿色发展的“一带一路”》，载《中国环境报》2015 年 5 月 13 日。

㊀ 徐高:《"一带一路"中必须理清的三个关系》,http://www.laohucaijing.com/news/20165/,2015年5月22日访问。

㊁ 同上。

㊂ 徐高:《"一带一路"中必须理清的三个关系》,http://www.laohucaijing.com/news/20165/,2015年5月22日访问;武寒:《企业投身"一带一路"需放眼长远》,载《经济日报》2014年8月19日。

㊃ 王晋:《"一带一路"研究乱象丛生》,载新加坡《联合早报》2015年5月26日。

㊄ 蔡翼:《打通"一路一带"关键是冲破马六甲困局》,载《亚洲周刊》2015年4月26日。

㊅ 薛力:《"一带一路"视野下的"亚洲五强外交"》,载《世界知识》2015年第6期。

㊆ 潘洁:《亚信和"一带一路":建立亚洲命运共同体"双引擎"》,http://news.xinhuanet.com/world/2015-05/26/c_1115416883.htm,2015年6月27日访问。

㊇ 梁永佳、李小云:《实施"一带一路"战略要有宗教考量》,载《国际发展时报》2015年4月30日。

㊈ 刘海泉:《"一带一路"战略的安全挑战与中国的选择》,载《太平洋学报》2015年第2期。

㊉ 乔良:《"一带一路"战略要考虑军事力量走出去问题》,http://www.globalview.cn/html/strategy/info_2463.html,2015年5月25日访问。

㉚ 黄烨:《"一带一路"防务成本》,载《国际金融报》2015年4月6日。

㉛ 《国外政要、专家、媒体点赞"一带一路"》,载《决策与信息》2015年第4期。

㉜ 同上。

㉝ 吴江:《德国智库解读"一带一路"战略》,载《学习时报》2015年5月11日。

㉞ 中国金融四十人论坛论坛研究部:《美国智库考察特辑(一)——经济篇》,http://www.cf40.org.cn/plus/view.php?aid=9521;《首部美国学者论"一带一路"专著发布》,http://gb.cri.cn/42071/2015/09/30/8211s5120728.htm,2015年5月26日访问。

"一带一路"关键词

㊄ 〔韩〕韩友德:《用"一带一路"表达"强汉盛唐"的中国梦》,载韩国《中央日报》2015年4月13日。

㊅ 殷翔:《香港商报:香港应把握"一带一路"机遇推务实举措》,http://www.chinanews.com/hb/2015/08-06/7451070.shtml,2015年8月8日访问。

㊆ 郑博文:《台湾应准备好参与"一带一路"战略》,http://www.taiwan.cn/plzhx/hxshp/jj/201411/t20141126_8146036.htm;《创造"一带一路"的台湾机会》,http://www.taiwan.cn/plzhx/hxshp/201411/t20141120_8080906.htm,2015年6月12日访问。

㊇ http://wcm.fmprc.gov.cn/pub/chn/pds/gjhdqz/gjhdqzz/lhg_28/t575704.htm,2015年5月7日访问。

㊈ http://baike.baidu.com/view/13320547.htm;《"一带一路"与欧亚经济联盟对接》,http://news.xinhuanet.com/city/2015-06/29/c_127963846.htm,2015年6月18日访问。

⑩ 张舒:《关于TPP你必须知道这些事儿》,http://news.qq.com/a/20151006/008034.htm,2015年10月9日访问。

⑪ 王江昊:《我国"一带一路"建设躲不开美国因素》,http://www.sic.gov.cn/News/81/3876.htm,2015年6月16日访问。

⑫ 郎咸平:《"一带一路"逐步实施,中国对外战略全面升级》,http://blog.sina.com.cn/s/blog_4120db8b0102vn2i.html;孔军:《日本推出1100亿美元亚洲基建资助计划 叫板亚投行》,http://finance.ifeng.com/a/20150523/13726485_0.shtml,2015年6月4日访问。

⑬ 王琛:《美国力促制造业复兴》,载《学习时报》2012年4月16日。

⑭ 庞中英:《印度推"季节计划"抗衡中国一带一路 欲做印度洋主导》,载《华夏时报》2015年2月27日;王义桅:《"一带一路":机遇与挑战》,人民出版社2015年版。

⑮ 王义桅:《"一带一路":机遇与挑战》,人民出版社2015年版;渤海大侠:《俄罗斯的东进战略》,http://blog.sina.com.cn/s/blog_53f8b52d01018cr1.html,2015年6月12日访问。

# 后　　记

　　我自己是生在丝绸之路上、长在丝绸之路上，在丝绸之路上工作过一段时间的人。我的出生地甘肃省泾川县，古代称为"泾州"，又称"安定郡"，它一直是丝绸之路上的重镇。唐朝以长安(今西安)为首都，泾州在当时是著名的"京北六镇"中的第五镇，它起着捍卫中央、拱卫首都的"防火墙"功能。所有要从西域经丝绸之路进入长安的"外国人"，在批文到达前，只能住在泾州。当时，如果越过了泾州，就直接到了今天陕西彬县境内，由此与长安之间几乎无险可守。通过在泾州的"待审""待核"制度，就可以把危险因素控制在泾州以外。

　　由于大量来自西域的商人、物资押运人员、旅行团队住在泾州等待批文，使得泾州成了当时的"旅游胜地"。据泾州的县志记载，极盛时期，东西沿泾河两岸一百华里内坐落着大大小小的各种客栈、酒楼，两岸的高地上满是西域大师修建的各种佛寺，比如大云寺、水泉寺、丈八寺等。虽然那些客栈、酒楼如今已经湮没了历史的尘土中，但是"百里寺庙"现在依然可追寻到一些痕迹。其实，除了寺庙可寻外，还有大量与丝绸之路息息相关的文化痕迹依然清晰可辨。在泾河的南岸,有大批南北魏石窟,保存得非常完整。甚至有考古专家认为,这是规模、文化内容的完整性超过敦煌且保存完好的唯一一处古石窟群,较为完整地记载着丝绸之路文明,也记载着中原王朝通过丝绸之路与西域通商、通邮、通婚的过程。

高一、高二的周末,我经常会和同学们三三两两走出校园,去这些寺庙与洞窟背诵古文、翻看历史资料,从这些古文化遗迹中或多或少了解到了一些丝绸之路与中原王朝的故事。因此,我一直有一个情结,那就是能够撰写与丝绸之路有关的东西。后来,我还在丝绸之路上的另一个重镇兰州工作过四年。在兰州大学工作的第四个年头,正好习近平主席提出了"一带一路"战略,这给我实现自己的丝绸之路情结带来了机遇。

另外,作为一个从事公共管理研究的学者,我一直在努力探索公共管理绩效问题,虽然探索得还很不够,但是逐渐对绩效有了较为深刻的认识。我一直认为,公共管理的最终目标是提升国家治理绩效,在此过程中,无论是政府组织内部管理,还是政府组织外部环境管理,抑或是对政府出台的战略、推出的项目进行管理,它们的最终的目标都是寻求国家治理绩效的最大化。"一带一路"战略在本质上是国家战略管理的一部分,它的意图也是我国国家治理绩效的最大化、国家利益的最大化。就此而言,"一带一路"本身也属于研究公共管理绩效的学者所应廓清的命题。正是在自己的丝绸之路情结和研究方向的双重驱动下,我决定编撰这本书。

一位德高望重的前辈曾经告诫我:"写一本书要落下一个病根。"现在来看,这句话简直就是用身心体验出来的。虽然本书还只是一根将各位前辈、同行、朋友们创造出来的智慧的"珍珠"串联

# 后 记

起来的粗糙的"麻绳",但就是这根"麻绳"的编织,已经是一件熬心费力的活了。虽然说不一定落下什么病根,但至少颈椎、脊椎上又增加了一些伤痛了。尽管如此,在撰写后记的时候,我的心里还是有些喜悦的,这种喜悦至少来自于不用再"青灯伴麻绳"的解脱感。

"一带一路"是中国提出的重大全球经济发展战略,如果"一带一路"战略能够完全实现,则中华民族的复兴指日可待。在这种前提下,有必要梳理出"一带一路"战略的"关键词",让整个社会对此有所了解,让更多的人能够围绕"关键词"为"一带一路"建设出谋划策,贡献自己的力量。涓涓细流,汇成大海;仓山之巅,起于累卵。如果每个人都能够在"关键词"的指引下为我国的"一带一路"做一些贡献,那么它所规划的各种宏伟目标在不久的将来都会成为现实,中华民族的复兴也会在不久的将来成为现实。

经过我与出版社编辑的多次讨论、琢磨,经过对"一带一路"战略相关文件、领导讲话的深入研究,本书最终确定了 105 个"关键词"。当然,社会生活是丰富多彩的,"一带一路"是反映多彩社会的战略,它的"关键词"当然也不会只是几个词汇。实际上,每个或者几个"关键词"背后彰显的是"一带一路"战略的某种诉求,或者是某些需要引以为戒的地方,或者是某些可以落实"一带一路"战略的措施等。为了展示"关键词"所强调的多彩内容,我收集了那些散落在各类报纸、杂志甚至网络论坛、博客、微博以及一些非正规出版物上的众多富有洞察力的观点、文献,然后将它们编写、改写、重写成了阐释"关键词"的材料。这有些类似于《富布莱特政治学词典》的编撰方式,以材料展示词汇背后的多彩含义。就此而言,这些阐释"关键词"的材料也可以叫作"词条",阐释了在"一带

### "一带一路"关键词

一路"战略中这些词汇有着何种意义,以及指向的是一种理念、一种政策还是一种公共管理行动。当然,这些"关键词"只是我的一种主观判断,它们还有着浓厚的"臆测""臆断"性质,可能并未反映"一带一路"战略的精髓,这是未来需要提高、改进的地方。

  在本书的写作过程中,许多领导、前辈、朋友提供了无私的帮助,在此要对他们致以诚挚的谢意。感谢北京大学出版社的朱梅全先生,要是没有他的点睛观点与鞭策鼓励,本书的完成是不可能的。感谢冯并先生,他是我国体制改革的先驱之一,曾亲手推动了我国一大批行政体制改革工作,创建了我国一系列经济管理、公共管理制度,对我国宏观经济管理、公共管理有着突出的贡献。冯并先生又是我国著名的理论家,他所著的《一带一路:全球发展的中国逻辑》启迪了本书的撰写。他本人不辞辛劳,在百忙之中为本书撰写了序言,这种前辈宽待后辈的精神值得我终生铭记。本书编撰过程中,教育部长江学者特聘教授、苏州大学政治与公共管理学院院长金太军先生屡次鼓励我努力工作,争取能撰写一些对国家有用的论文和书籍。正是在他的鼓励和支持之下,本书才能够顺利完成。中国行政管理学会执行副会长兼秘书长、全国政府绩效管理研究会会长高小平教授既是我的长辈,也是我敬爱的大哥、朋友,他总是为我提供各种便利与帮助。本书编撰过程中,他不仅提供了一些思路,撰写了序言,还告诉了我一些保证腰不酸、腿不痛的良方,使得我能够尽可能多地坐下来工作,非常感谢他一直以来的无私帮助。

  另外,本书编撰过程中,参阅了大量的前辈、同行的资料,尽管基本上已经以"参考文献"的形式呈现在书中了,但仍然可能存在挂一漏万的情况。如果因为我工作不周而漏掉了您的名字,请您予以谅解。在此,我对您和已经在"参考文献"中提及的各位前辈致以百分之二百的谢意。

在本书的加工审读过程中,北京大学出版社的朱彦、王业龙先生不辞辛劳,兢兢业业,不仅帮忙美化了格式,还完善了内容,使得本来略显粗陋的本书精致了不少。在此,对他们的工作表示由衷的感谢!

尚虎平
2015 年 11 月 6 日